Okusno Počasi

Uživajte v Preprosti in Aromatični Pripravi Jedilnikov

Ana Novak

Vsebina

Piščančji rezanci, počasni kuhalnik 22

VSEBINA 22

PRIPRAVA 23

Čebulni piščanec 25

VSEBINA 25

PRIPRAVA 25

Piščančje mesne kroglice s peteršiljem 26

VSEBINA 26

PRIPRAVA 27

Piščanec z biserno čebulo in gobami 28

VSEBINA 28

PRIPRAVA 28

Piščanec z ananasom 30

VSEBINA 30

PRIPRAVA 30

Enolončnica s piščancem in rižem 32

VSEBINA 32

PRIPRAVA 32

začinjen piščanec 33

VSEBINA 33

PRIPRAVA 33

Kitajski piščanec in zelenjava 35

VSEBINA 35

PRIPRAVA 35

Cornish Game piščanci z rižem 37

VSEBINA 37

PRIPRAVA 37

Cornish piščanec z omako iz rozin 38

VSEBINA 38

PRIPRAVA 38

Country Captain Piščančje prsi 40

VSEBINA 40

PRIPRAVA 41

Piščanec in gobe na dvorišču 42

VSEBINA 42

PRIPRAVA 42

Country Club piščanec 43

VSEBINA 43

PRIPRAVA 43

piščanec z brusnicami 45

VSEBINA 45

PRIPRAVA 45

Piščanec z brusnicami II 46

VSEBINA 46

PRIPRAVA 46

Piščanec s kremnim sirom 48

VSEBINA 48

PRIPRAVA 48

Kremni piščanec in artičoke 50

VSEBINA 50

PRIPRAVA 50

Kremni italijanski piščanec 52

VSEBINA 52

PRIPRAVA 53

Kreolski piščanec 54

VSEBINA 54

PRIPRAVA 54

Hot Dog kreolski piščanec 56

VSEBINA 56

PRIPRAVA 56

Piščanec in artičoke v loncu 58

VSEBINA 58

PRIPRAVA 58

Piščančja enolončnica in omaka 60

VSEBINA 60

PRIPRAVA 60

Hot Pot Chicken Enchilada Topel obrok 62

VSEBINA 62

PRIPRAVA 62

Dušene piščančje enčilade 64

VSEBINA 64

PRIPRAVA 64

Piščančje tortilje v ponvi 65

VSEBINA 65

PRIPRAVA 65

enolončnica enolončnica 67

VSEBINA 67

PRIPRAVA 67

Mesne kroglice iz piščanca in zelišč v loncu 69

VSEBINA 69

PRIPRAVA 69

Piščanec na žaru v ponvi 71

VSEBINA 71

PRIPRAVA 71

Piščanec na žaru v ponvi 73

VSEBINA 73

PRIPRAVA 73

Piščančja enolončnica 74

VSEBINA 74

PRIPRAVA 75

Piščančja enolončnica Chow Mein 76

VSEBINA 76

PRIPRAVA 76

Cordon Bleu piščanec v enolončnici 78

VSEBINA 78

PRIPRAVA 78

Piščančja enolončnica Cordon Bleu II 79

VSEBINA 79

PRIPRAVA 79

piščančje krače v enolončnici 81

VSEBINA 81

PRIPRAVA 81

10. Različice ... 82

Crockpot piščančji frikasee ... 83

VSEBINA ... 83

PRIPRAVA ... 84

Piščančja Reuben enolončnica ... 85

VSEBINA ... 85

PRIPRAVA ... 86

Piščančja enolončnica iz artičoke ... 87

VSEBINA ... 87

PRIPRAVA ... 87

Piščančja enolončnica z gorčico Dijon ... 89

VSEBINA ... 89

PRIPRAVA ... 89

Piščančji lonec z rižem ... 90

VSEBINA ... 90

PRIPRAVA ... 91

Paradižnikova enolončnica s piščancem ... 92

VSEBINA ... 92

PRIPRAVA ... 92

Golaž Cola piščanec ... 93

VSEBINA ... 93

PRIPRAVA 93

Piščančja kreolska enolončnica 94

VSEBINA 94

PRIPRAVA 94

Piščanca prepražimo z zelišči in nadevom 96

VSEBINA 96

PRIPRAVA 96

Piščanca prepražimo z zelišči in nadevom 98

VSEBINA 98

PRIPRAVA 98

Piščanec na italijanski način v lončku 100

VSEBINA 100

PRIPRAVA 100

Piščančja obara Lima fižol 102

VSEBINA 102

PRIPRAVA 102

Turški užitek z mešanico testenin in sira 103

VSEBINA 103

PRIPRAVA 103

Debina enolončnica s piščancem in nadevom 104

VSEBINA 104

PRIPRAVA 104

Dianin piščanec a la King 106

VSEBINA 106

PRIPRAVA 106

Piščanec iz kopra z zelenjavo 107

VSEBINA 107

PRIPRAVA 107

Don's Sweet and Sour Chicken 108

VSEBINA 108

PRIPRAVA 109

Počasi kuhan piščanec z rahlim sirom 110

VSEBINA 110

PRIPRAVA 110

Preprosti Cacciatore s piščancem 111

VSEBINA 111

PRIPRAVA 111

Preprosta omaka za testenine s piščancem 112

VSEBINA 112

PRIPRAVA 112

Preprost piščanec z mandlji 114

VSEBINA 114

PRIPRAVA 114

Preprosta žlica za peko 116

VSEBINA 116

PRIPRAVA 116

Enostavno dušen piščanec Santa Fe avtorice Cindy 118

VSEBINA 118

PRIPRAVA 118

Preprosto pečen piščanec z Geoffovo omako 119

VSEBINA 119

PRIPRAVA 119

Piščanec z ingverjem in ananasom 120

VSEBINA 120

PRIPRAVA 120

grški piščanec 120

VSEBINA 120

PRIPRAVA 121

Havajske palčke 122

VSEBINA 122

PRIPRAVA 122

Piščanec z zelišči in zelenjavo 123

VSEBINA 123

PRIPRAVA 124

Piščanec z zelišči in divjim rižem 125

VSEBINA 125

PRIPRAVA 125

Piščanec z medom in ingverjem 127

VSEBINA 127

PRIPRAVA 128

V medu pečen piščanec s sladkim krompirjem 129

VSEBINA 129

PRIPRAVA 129

Hoisin piščanec z medom 131

VSEBINA 131

PRIPRAVA 131

Piščanec na italijanski način 133

VSEBINA 133

PRIPRAVA 133

Piščanec v loncu na italijanski način 135

VSEBINA 135

PRIPRAVA 135

Italijanski piščančji špageti, počasen kuhalnik 137

VSEBINA 137

PRIPRAVA 137

Enostaven piščanec Stroganoff 139

VSEBINA 139

PRIPRAVA 139

Piščanec v počasnem kuhanju s sirno omako Lilly 141

VSEBINA 141

PRIPRAVA 141

Piščančje prsi na mehiški način 142

VSEBINA 142

• Dodatni okraski 142

PRIPRAVA 143

Paulin piščanec s porom 145

VSEBINA 145

PRIPRAVA 145

Cheeky Jack Daniel's piščančji bedri na žaru 146

VSEBINA 146

• BBQ omaka 146

PRIPRAVA 147

Sherri's piščanec in cmoki 149

VSEBINA 149

PRIPRAVA 149

Preprost piščančji žar v počasnem kuhanju 151

VSEBINA 151

PRIPRAVA 151

Piščanec Dijon v počasnem kuhanju 152

VSEBINA 152

PRIPRAVA 152

Piščanec na žaru v počasnem kuhanju 153

VSEBINA 153

PRIPRAVA 153

Piščančji zabatak na žaru v počasnem pečenju 154

VSEBINA 154

PRIPRAVA 154

Omaka za testenine s piščancem in klobasami v počasnem kuhanju 156

VSEBINA 156

PRIPRAVA 156

Piščančji curry v počasnem kuhanju 158

VSEBINA 158

PRIPRAVA 158

Piščančji curry v počasnem kuhanju z rižem 159

VSEBINA 159

PRIPRAVA 159

Piščančje enchilade v počasnem kuhanju 161

VSEBINA 161

PRIPRAVA 161

Piščančji frikase v počasnem kuhanju z zelenjavo 163

VSEBINA 163

PRIPRAVA 163

Počasi kuhan piščanec s pikantno omako 165

VSEBINA 165

PRIPRAVA 165

Piščanec Madras v počasnem kuhanju s karijem v prahu 166

VSEBINA 166

PRIPRAVA 166

Piščanec z gobami v počasnem kuhanju 167

VSEBINA 167

PRIPRAVA 167

Počasni štedilnik Cordon Bleu 169

VSEBINA 169

PRIPRAVA 169

Piščanec Dijon v počasnem kuhalniku 171

VSEBINA 171

PRIPRAVA 171

Piščanec z limono v počasnem kuhanju 173

VSEBINA 173

PRIPRAVA 173

Počasi kuhan piščanec 175

VSEBINA 175

PRIPRAVA 176

Prekajena klobasa in zelje 177

VSEBINA 177

PRIPRAVA 177

Piščanec s španskim rižem 179

VSEBINA 179

PRIPRAVA 179

Tamine piščančje krače na žaru 181

VSEBINA 181

PRIPRAVA 181

Tamino dušena piščančja mocarela 182

VSEBINA 182

PRIPRAVA 182

Piščančje meso z belim poprom 183

VSEBINA 183

PRIPRAVA 183

Piščanec in črni fižol v počasnem kuhanju 184

VSEBINA 184

PRIPRAVA 184

Piščanec in omaka, počasni kuhalnik 186

VSEBINA 186

PRIPRAVA 186

Piščanec in gobe, počasen kuhalnik 187

VSEBINA 187

PRIPRAVA 187

Piščanec in parmezanski riž, počasno kuhanje 189

VSEBINA 189

PRIPRAVA 189

Piščanec in kozice 190

VSEBINA 190

PRIPRAVA 190

Piščanec in polnjen recept 192

VSEBINA 192

PRIPRAVA 192

Piščančje prsi s kremno kreolsko omako 194

VSEBINA 194

PRIPRAVA 194

Piščančji čili s hominijem 196

VSEBINA 196

PRIPRAVA 196

piščanec je okusen 197

VSEBINA 197

PRIPRAVA 197

Piščančje enchilade v počasnem kuhanju 199

VSEBINA 199

PRIPRAVA 199

Piščanec Las Vegas 200

VSEBINA 200

PRIPRAVA 200

Piščanec Parisienne v počasnem kuhanju 201

VSEBINA 201

PRIPRAVA 201

Piščančja Reuben enolončnica, počasen kuhalnik 202

VSEBINA 202

PRIPRAVA 202

Piščanec z brusnicami 203

VSEBINA 203

PRIPRAVA 203

Piščanec z omako in omako, počasen kuhalnik 205

VSEBINA 205

PRIPRAVA 205

Piščanec s testeninami in dimljenim sirom gauda 207

VSEBINA 207

PRIPRAVA 207

Piščanec z gobami z biserno čebulo, počasni kuhalnik 209

VSEBINA 209

PRIPRAVA 209

Piščanec z ananasom 210

VSEBINA 210

PRIPRAVA 210

Country Captain Chicken 212

VSEBINA 212

PRIPRAVA 213

Piščanec in gobe na dvorišču 215

VSEBINA 215

PRIPRAVA 215

piščanec z brusnicami 216

VSEBINA 216

PRIPRAVA 216

Piščančji rezanci, počasni kuhalnik

VSEBINA

- 2 čajni žlički piščančje juhe v zrncih ali osnovo
- 1 žlica sesekljanega svežega peteršilja
- 3/4 žličke začimb za perutnino
- 1/3 skodelice. na kocke narezana kanadska slanina ali prekajena šunka
- 2 do 3 na tanke rezine narezane korenčke
- 2 rebri zelene narezani na tanke rezine
- 1 manjša čebula narezana na tanke rezine
- 1/4 skodelice. Tale
- 1 globoko ocvrt piščanec (približno 3 funte), sesekljan
- 1 (10 3/4 oz.) kondenzirane juhe s čedarjem
- 1 žlica večnamenske moke
- 1 (16 oz.) paket. velike jajčne rezance, kuhane in odcejene
- 2 žlici narezanega pimenta
- 2 žlici naribanega parmezana

PRIPRAVA

1. V manjši skledi zmešajte piščančjo juho ali osnovo, sesekljan peteršilj in začimbe za piščanca; pustite ob strani.

2. V počasen kuhalnik položite kanadsko slanino ali šunko, korenje, zeleno in čebulo. Dodajte vodo.

3. Piščancu odstranimo kožo in odvečno maščobo; sperite in posušite. Polovico piščanca položite v počasni kuhalnik. Potresemo s polovico ločene mešanice začimb. Na vrh položite preostalega piščanca in potresite s preostalo mešanico začimb.

4. Juho in moko zmešamo in prelijemo čez piščanca; Ne zamešaj.

5. Pokrijte in kuhajte 3 do 3 1/2 ure na VISOKEM ali 6 do 8 ur na nizkem ali dokler piščanec ni mehak in piščančji sok ne steče bistrega.

6. Postavite vroče kuhane rezance v 2- do 2 1/2-litrski servirni krožnik, odporen na piščanca. Piščanca razporedimo po rezancih. Mešajte mešanico juhe in zelenjave v loncu, dokler se ne povežeta. Na piščanca z žlico nalijemo zelenjavo in malo tekočine. Potresemo z narezano papriko in parmezanom.

7. Pecite 4 do 6 palcev od vira toplote 5 do 8 minut ali dokler rahlo ne porjavi.

8. Po želji okrasimo z vejico peteršilja.

9. Recept za alpskega piščanca je za 4 do 6 oseb.

Čebulni piščanec

VSEBINA

- 4 velike čebule narezane na tanke rezine
- 5 strokov česna, mletega
- 1/4 skodelice limoninega soka
- 1 čajna žlička soli
- 1/4 čajne žličke kajenskega popra (ali več, če želite)
- 4 do 6 zamrznjenih piščančjih prsi brez kosti, ni jih treba odtajati
- vroč kuhan riž

PRIPRAVA

1. Postavite vse sestavine razen riža v Crock Pot. Dobro premešaj. Kuhajte na NIZKI 4 do 6 ur ali dokler ni piščanec kuhan in še mehak.
2. Postrezite z rižem.

Piščančje mesne kroglice s peteršiljem

VSEBINA

- 4 do 6 polovic piščančjih prsi brez kože
- 1 kos soli, črnega popra, suhega timijana, majarona in rdeče paprike
- 1 velika čebula, narezana, razdeljena
- 2 pora narezana na rezine
- 4 korenčke, narezane na večje kose
- 1 strok česna, nasekljan
- 1 kozarec piščančje juhe
- 1 žlica koruznega škroba
- 1 pločevinka (10 3/4 unč) kondenzirane kremne piščančje juhe
- 1/2 kozarca suhega belega vina
- Mesne kroglice
- 1 skodelica Bisquicka
- 8 žlic mleka
- 1 čajna žlička posušenih listov peteršilja
- ščepec soli
- čili
- kratek poper

PRIPRAVA

1. Piščanca potresemo s soljo, poprom, timijanom, majaronom in papriko. Na dno pekača damo polovico čebule, por in korenček. Po zelenjavi razporedite piščanca. Po piščancu potresemo sesekljan česen, nato dodamo preostale rezine čebule. Raztopite 1 žlico koruznega škroba v 1 skodelici piščančje juhe, nato zmešajte s smetano piščančje juhe in vinom. Kuhajte na VISOKO približno 3 ure ali na NIZKO približno 6 ur (če kuhate na NIZKO, vklopite VISOKO, ko dodate mesne kroglice).

2. Piščanec mora biti mehak, vendar ne suh.

3. **Mesne kroglice:** Zmešajte 1 skodelico piškotov, približno 8 žlic mleka, peteršilj, sol, črni poper in papriko; Oblikujte kroglice in jih v zadnjih 35 do 45 minutah kuhanja položite na mešanico piščanca.

4. Za 4 do 6 oseb.

Piščanec z biserno čebulo in gobami

VSEBINA

- 4 do 6 polovic piščančjih prsi brez kosti, narezanih na 1-palčne kose

- 1 pločevinka (10 3/4 unč) piščančje kreme ali kremne piščančje in gobove juhe

- 8 unč narezanih gob

- 1 vrečka (16 unč) zamrznjene biserne čebule

- poper in sol po okusu

- sesekljan peteršilj za okras

PRIPRAVA

1. Piščanca operemo in osušimo. Narežite na približno 1/2- do 1-palčne kose in položite v veliko skledo. Dodajte juho, gobe in čebulo; premešajte, da se združi. Počasen kuhalnik poškropite s pršilom za kuhanje.

2. Piščančjo zmes vlijemo v pekač, ki je odporen na pečico, ter jo začinimo s soljo in poprom.

3. Pustite vreti in kuhajte na NIZKI 6 do 8 ur, po možnosti mešajte približno na polovici časa kuhanja.

4. Po želji okrasite s sveže sesekljanim peteršiljem in postrezite z vročim kuhanim rižem ali krompirjem.

5. Za 4 do 6 oseb.

Piščanec z ananasom

VSEBINA

- 1 do 1 1/2 funtov piščančjih mehčkov, narezanih na 1-palčne kose
- 2/3 skodelice ananasove marmelade
- 1 jušna žlica in 1 čajna žlička teriyaki omake
- Tanko narezana 2 stroka česna
- 1 žlica posušene sesekljane čebule (ali 1 šopek sveže mlade čebule, sesekljane)
- 1 žlica limoninega soka
- 1/2 čajne žličke mletega ingverja
- pekoča rdeča paprika po okusu
- 1 paket (10 oz) sladkornega graha, odmrznjenega

PRIPRAVA

1. Kose piščanca položite v počasen kuhalnik/lonec.

2. Zmešajte marmelado, teriyaki omako, česen, čebulo, limonin sok, ingver in papriko; dobro premešaj. Z žlico prelijte piščanca.

3. Pokrijte in na majhnem ognju kuhajte 6 do 7 ur. V zadnjih 30 minutah dodajte grah.

4. Storitev 4.

Enolončnica s piščancem in rižem

VSEBINA

- 4 do 6 velikih piščančjih prsi brez kosti in kože
- 1 škatla kremne piščančje juhe
- 1 škatla zelene kremne juhe
- 1 škatla kremne gobove juhe
- 1/2 skodelice sesekljane zelene
- 1 do 1 1/2 skodelice kuhanega riža

PRIPRAVA

1. V počasnem kuhalniku zmešajte 3 pločevinke juhe in riž. Na zmes položimo piščanca in dodamo sesekljano zeleno. Kuhamo 3 ure na najvišji temperaturi ali približno 6-7 ur na nizki.

2.4 Za 4 do 6 obrokov.

začinjen piščanec

VSEBINA

- 6 polovic piščančjih prsi brez kosti, narezanih na 1-palčne kose
- 1 skodelica sesekljane čebule
- 1 skodelica sesekljane paprike
- 2 stroka česna
- 2 žlici. rastlinsko olje
- 2 pločevinki mehiškega kuhanega paradižnika (približno 15 unč vsaka)
- 1 pločevinka pekočega fižola
- 2/3 skodelice omake picante
- 1 čajna žlička. čili v prahu
- 1 čajna žlička. Kim
- 1/2 žličke. Sol

PRIPRAVA

1. Na rastlinskem olju prepražimo piščanca, čebulo, poper, česen, dokler zelenjava ne oveni. Prenesite v počasni kuhalnik; Dodajte preostale sestavine. Pokrijte in kuhajte pri nizki temperaturi 4 do 6 ur. Postrezite z rižem.

2,4 do 6 oseb.

Kitajski piščanec in zelenjava

VSEBINA

- 1 do 1 1/2 funta piščančjih prsi brez kosti
- 2 skodelici grobo sesekljanega zelja
- 1 srednja čebula, narezana na velike kose
- 1 srednje velika rdeča paprika, narezana na večje kose
- 1 paket začimb Kikkoman za piščančjo solato
- 1 žlica rdečega vinskega kisa
- 2 čajni žlički medu
- 1 žlica sojine omake
- 1 skodelica zamrznjene mešane vzhodne zelenjave
- 2 žlici koruznega škroba
- 1 žlica hladne vode

PRIPRAVA

1. Piščanca narežite na 1 1/2 inčne kose. Postavite prvih 8 sestavin v počasni kuhalnik; dobro premešaj. Pokrito kuhamo na majhnem ognju 5 do 7 ur. Zmešajte koruzni škrob in hladno vodo; Dodajte zelenjavo in kuhajte še 30 do 45 minut, dokler se zelenjava ne zmehča.

2,4 do 6 oseb.

Cornish Game piščanci z rižem

VSEBINA

- 2 korniška divjačina
- 1/2 skodelice piščančje juhe
- Sol in limonin poper po okusu
- vroč kuhan riž

PRIPRAVA

1. Cornish piščanca položite v počasen kuhalnik (če želite, piščanca najprej prepražite v rahlo naoljeni ponvi). Dodajte piščančjo juho. Piščanca potresemo s soljo in limoninim poprom. Kuhajte na NIZKI 7 do 9 ur. Odstranite piščanca in pusto maščobo; Sok zgostite z mešanico 1 1/2 žlice koruznega škroba in 1 žlice hladne vode. Postrežemo z vročim kuhanim rižem. za 2 osebi.

Cornish piščanec z omako iz rozin

VSEBINA

- 1 paket (6 unč) mešanice za nadev, pripravljen po navodilih
- 4 Cornish igra
- sol in poper
- .
- Grozdna omaka
- 1 kozarec (10 unč) ribezovega želeja
- 1/2 skodelice rozin
- 1/4 skodelice masla
- 1 žlica limoninega soka
- 1/4 žličke pimenta

PRIPRAVA

1. S pripravljenim nadevom nadevamo piščance; potresemo s soljo in poprom. V počasen štedilnik položite pločevino ali zmečkan kos živilske folije, da preprečite, da bi se piščanec prepojil s sokom. Če uporabljate globok in ozek lonec, piščance Cornish postavite z vratom navzdol. V 1-litrskem loncu zmešamo

žele, rozine, maslo, limonin sok in piment. Med mešanjem kuhajte na majhnem ognju, dokler se ne segreje in zavre. Nekaj omake premažite po piščancu v loncu.

2. Preostalo omako do serviranja ohladimo. Pokrijte in kuhajte na NIZKI 5 do 7 ur, približno eno uro pred kuhanjem enkrat pritisnite. Preostalo omako zavremo in jo med serviranjem prelijemo po piščancu.

Za 3,4 porcije.

Country Captain Piščančje prsi

VSEBINA

- 2 srednji jabolki Granny Smith, brez lupine in kock (neolupljeni)
- 1/4 skodelice drobno sesekljane čebule
- 1 manjša zelena paprika, očiščena in drobno sesekljana
- 3 stroki česna, sesekljani
- 2 žlici rozin ali ribeza
- 2 do 3 čajne žličke karija
- 1 čajna žlička mletega ingverja
- 1/4 žličke mlete paprike ali po okusu
- 1 pločevinka (približno 14 1/2 oz.) na kocke narezanega paradižnika
- 6 piščančjih prsi brez kosti in kože
- 1/2 skodelice piščančje juhe
- 1 skodelica predelanega dolgozrnatega belega riža
- 1 funt srednje velike do velike kozice, lupina in devein, nekuhane, po želji
- 1/3 skodelice naribanih mandljev
- košer sol
- Sesekljan peteršilj

PRIPRAVA

1. V 4- do 6-litrskem počasnem kuhalniku zmešajte sesekljano jabolko, čebulo, papriko, česen, zlate rozine ali ribez, kari, ingver in mleto papriko; zmešajte paradižnik.

2. Na paradižnikovo zmes položite piščanca tako, da se kosi rahlo prekrivajo. Polovice piščančjih prsi prelijemo s piščančjo osnovo. Pokrijte in kuhajte pri nizki temperaturi, dokler se piščanec ne zmehča, ko ga prebodete z vilicami, približno 4 do 6 ur.

3. Odstranite piščanca na topel krožnik, ga ohlapno pokrijte in hranite na toplem v pečici ali grelnem predalu pri 200°F.

4. V tekočino od kuhanja vmešamo riž. Povečajte toploto na visoko; Pokrijte in kuhajte, enkrat ali dvakrat premešajte, dokler se riž skoraj ne zmehča, približno 35 minut. Vmešajte kozice, če jih uporabljate; pokrijte in kuhajte še približno 15 minut, dokler sredica kozice ni prozorna; Izrežite za preizkus.

5. Medtem v majhni ponvi proti prijemanju na zmernem ognju med občasnim mešanjem prepražimo mandlje do zlato rjave barve. Pustite na stran.

6. Pred serviranjem riževo mešanico solimo. Nalijemo na vroč servirni krožnik; Po vrhu razporedite piščanca. Potresemo s peteršiljem in mandlji.

Piščanec in gobe na dvorišču

VSEBINA

- 1 kozarec podeželske omake
- 4 do 6 piščančjih prsi
- 8 unč narezanih gob
- poper in sol po okusu

PRIPRAVA

1. Združite vse sestavine; Pokrito kuhamo na majhnem ognju 6 do 7 ur. Postrezite z rižem ali rezanci.

2,4 do 6 oseb.

Country Club piščanec

VSEBINA

- 5 jabolk, olupljenih, razkoščičenih in nasekljanih

- 6 do 8 narezanih zelenih čebul

- 1 lb piščančjih bedrc, brez kosti, odstranjene kože in vse maščobe, narezane na 2-palčne kocke

- 6 do 8 unč narezanega švicarskega sira

- 1 pločevinka (10 1/2 unč) kremne piščančje juhe, dobro premešane s 1/4 skodelice mleka

- 1 pločevinka (6 unč) jabolčnega nadeva iz rozin Pepperidge Farm ali uporabite svojo najljubšo mešanico za nadev

- 1/4 skodelice stopljenega masla

- 3/4 skodelice jabolčnega soka

PRIPRAVA

1. Sestavine postavite v enakem vrstnem redu kot zgoraj v 3-1/2 do 5 lit počasnega kuhalnika. Jušno zmes prelijemo čez sirno

plast, pokapamo z maslom in na koncu pokapamo še jabolčni sok, tako da tekočina prepoji ves kruh.

2. Pokrijte in kuhajte 1 uro na HIGH in še 4 do 5 ur na LOW.

3. Opomba Rose-Marie:

4. Midva sva jedla brez da bi kaj naredila, priporočam pa, da jo postrežeš z navadnim rižem, ker je odlična omaka, notranja malta pa se izgubi v jedi.

piščanec z brusnicami

VSEBINA

- 4 do 6 polovic piščančjih prsi brez kosti in kože
- 1 pločevinka cele brusnične omake
- 2/3 skodelice čilijeve omake
- 2 žlici jabolčnega kisa
- 2 žlici rjavega sladkorja
- 1 paket suhe (Lipton) čebulne jušne mešanice

PRIPRAVA

1. Postavite piščančje prsi v počasen kuhalnik/lonec. Združite preostale sestavine; Dodajte piščanca v počasni štedilnik/lonec in ga dobro premažite. Pokrijte in na majhnem ognju kuhajte 6 do 8 ur.

2,4 do 6 oseb.

Piščanec z brusnicami II

VSEBINA

- 2 kg piščančjih prsi brez kosti in kože
- 1/2 skodelice sesekljane čebule
- 2 žlički rastlinskega olja
- 2 žlički soli
- 1/2 čajne žličke mletega cimeta
- 1/4 čajne žličke mletega ingverja
- 1/8 žličke mletega kokosa
- naribamo mleti piment
- 1 kozarec pomarančnega soka
- 2 žlički drobno naribane pomarančne lupinice
- 2 skodelici svežih ali zamrznjenih brusnic
- 1/4 skodelice rjavega sladkorja

PRIPRAVA

1. Na olju prepražimo koščke piščanca in čebulo; potresemo s soljo.

2. V lonec dodamo popraženega piščanca, čebulo in ostale sestavine.

3. Pokrijte in kuhajte pri nizki temperaturi 5 1/2 do 7 ur.

4. Po želji proti koncu kuhanja sok zgostimo z mešanico približno 2 žlic koruznega škroba, pomešanega z 2 žlicama hladne vode.

Piščanec s kremnim sirom

VSEBINA

- 3 do 3 1/2 kilograme kosov piščanca
- 2 žlici stopljenega masla
- poper in sol po okusu
- 2 žlici suhega italijanskega solatnega preliva
- 1 pločevinka (10 3/4 unč) kremne gobove juhe
- 8 unč kremnega sira, narezanega na kocke
- 1/2 kozarca suhega belega vina
- 1 žlica sesekljane čebule

PRIPRAVA

1. Piščanca namažemo z maslom ter potresemo s soljo in poprom. Po vrhu potresemo počasi kuhano in suho mešanico omak.

2. Pokrijte in dušite na majhnem ognju 6 do 7 ur ali dokler se piščanec ne zmehča in skuha.

3. Juho, kremni sir, vino in čebulo zmešajte v majhnem loncu približno 45 minut pred kuhanjem. Kuhajte, dokler ni gladka in mehurčkasta.

4. Prelijemo preko piščanca, pokrijemo in kuhamo še 30 do 45 minut.

5. Piščanca postrezite z omako.

6. Za 4 do 6 oseb.

Kremni piščanec in artičoke

VSEBINA

- 2 do 3 skodelice kuhanega piščanca, narezanega na kocke
- 2 skodelici zamrznjenih četrtin artičok ali 1 pločevinka (približno 15 unč), odcejene
- 2 unči sesekljanega pimenta, odcejenega
- 1 kozarec (16 unč) omake Alfredo
- 1 čajna žlička piščančjega mesa ali juhe
- 1/2 čajne žličke posušene bazilike
- 1/2 čajne žličke česna v zrncih ali prahu
- 1 čajna žlička posušenega peteršilja po želji
- poper in sol po okusu
- 8 unč špagetov, kuhanih in odcejenih, po želji

PRIPRAVA

1. Pol kilograma piščančjega fileja skuham v vodi z malo limone in česna, lahko pa uporabite tudi kuhane piščančje prsi ali ostanke piščanca. Zmešajte vse sestavine v loncu; Pokrijte in na majhnem ognju kuhajte 4 do 6 ur. Vrele kuhane testenine

vmešamo ali uporabimo kot omako za riž ali testenine. Ta recept za piščanca in artičoke v počasnem kuhanju služi za 4 do 6 oseb.

Kremni italijanski piščanec

VSEBINA

- 4 piščančje prsi brez kosti in kože
- 1 ovojnica mešanice italijanskega solatnega preliva
- 1/3 kozarca vode
- 1 paket (8 oz.) kremnega sira, zmehčanega
- 1 pločevinka (10 3/4 oz.) kondenzirane smetane piščančje juhe, nerazredčena
- 1 pločevinka (4 oz.) stebel in kosov gob, odcejenih
- Vroč kuhan riž ali rezanci

PRIPRAVA

1. Polovice piščančjih prsi položite v počasni kuhalnik. Zmešajte mešanico solatnega preliva in vodo; Prelijemo čez piščanca. Pokrijte in kuhajte pri nizki temperaturi 3 ure. V majhni skledi za mešanje stepite kremni sir in juho, dokler se ne združita. Zmešajte gobe. Mešanico kremnega sira prelijemo čez piščanca. Kuhajte 1 do 3 ure dlje ali dokler piščančji sok ne steče bistrega. Italijanskega piščanca postrezite z rižem ali vročimi rezanci.

2. Storitev 4.

Kreolski piščanec

VSEBINA

- 1 pečen piščanec, narezan na kocke, približno 3 kilograme piščančjih kosov
- 1 zelena paprika, sesekljana
- 6 glav mlade čebule, približno 1 šopek sesekljan
- 1 pločevinka (14,5 unč) paradižnika, neodcejenega, narezanega
- 1 pločevinka (6 unč) paradižnikove paste
- 4 unče na kocke narezane kuhane šunke
- 1 čajna žlička soli
- Nekaj kapljic omake s pekočimi paprikami v steklenici, kot je tabasco
- 1/2 funta narezane prekajene klobase, andouille, kielbasa itd.
- 3 skodelice kuhanega riža

PRIPRAVA

1. V počasnem kuhalniku zmešajte piščanca, papriko, čebulo, paradižnik, paradižnikovo pasto, šunko, sol in poprovo omako.

2. Pokrijte in na majhnem ognju kuhajte 6 ur. Obrnite regulator na visoko in dodajte klobaso in kuhan riž. Pokrijte in na močnem ognju kuhajte še 20 minut.

Hot Dog kreolski piščanec

VSEBINA

- 1 1/2 kg piščančjih beder brez kosti, narezanih na koščke
- 12 unč prekajene klobase andouille, narezane na 1- do 2-palčne kose
- 1 skodelica sesekljane čebule
- 3/4 skodelice piščančje juhe ali vode
- 1 pločevinka (14,5 unč) na kocke narezanega paradižnika
- 1 pločevinka (6 unč) paradižnikove paste
- 2 čajni žlički cajunske ali kreolske začimbe
- feferon po okusu
- 1 zelena paprika, sesekljana
- poper in sol po okusu
- vroč kuhan beli ali rjavi riž ali kuhani odcejeni špageti

PRIPRAVA

1. V počasnem kuhalniku zmešajte piščančje krače, koščke veouille klobase, sesekljano čebulo, juho ali osnovo, paradižnik (s sokom), paradižnikovo pasto, kreolske začimbe in papriko.

2. Mešanico piščanca in klobase pokrijte pri nizki nastavitvi in kuhajte 6 do 7 ur. Približno uro preden je jed kuhana dodajte

sesekljano zeleno papriko. Okusite ter po potrebi dodajte sol in poper.

3. Postrezite to okusno jed s piščancem in klobasami na vročem kuhanem rižu ali s špageti ali testeninami z angelskimi lasmi.

4. Za 6 oseb.

Piščanec in artičoke v loncu

VSEBINA

- 3 kg piščančjih kosov, ocvrtih, sesekljanih
- sol po okusu
- 1/2 čajne žličke popra
- 1/2 čajne žličke rdeče paprike
- 1 žlica masla
- 2 kozarca mariniranih artičok, srca; Morski rezervat
- 1 pločevinka (4 unče) gob, odcejenih
- 2 žlici hitro kuhane tapioke
- 1/2 skodelice piščančje juhe
- 3 žlice suhega šerija ali več piščančje juhe
- 1/2 čajne žličke posušenega pehtrana

PRIPRAVA

1. Piščanca operemo in osušimo. Piščanca začinimo s soljo, poprom in papriko. V veliki ponvi na zmernem ognju v maslu marinirajte ločeno popečenega piščanca in artičoke.

2. Gobe in srčke artičok položite na dno počasnega kuhalnika. Potresemo s tapioko. Dodamo popečene koščke piščanca.

Prilijemo piščančjo osnovo in šeri. Dodamo pehtran. Pokrijte in kuhajte na NIZKI 7 do 8 ur ali na VISOKEM 3 1/2 do 4 1/2 ure.

3. Storitev 4.

Piščančja enolončnica in omaka

VSEBINA

- 4 polovice piščančjih prsi brez kosti in kože
- sol in sveže mlet črni poper po okusu
- 4 rezine švicarskega sira
- 1 pločevinka (10 3/4 unč) kondenzirane kremne piščančje juhe
- 1 pločevinka (10 3/4 unč) kondenzirane kremne gobove juhe ali kremne zelene
- 1 kozarec piščančje juhe
- 1/4 skodelice mleka
- 3 skodelice drobtin za nadev, začinjene z zelišči
- 1/2 skodelice stopljenega masla

PRIPRAVA

1. Piščančje prsi začinite s soljo in poprom ter jih položite v počasen kuhalnik. Piščančje prsi prelijemo s piščančjo osnovo. Na vsako prsi položite rezino švicarskega sira.

2. V skledi zmešamo dve pločevinki juhe in mleko; dobro premešaj. Z jušno mešanico prelijemo piščanca. Vse skupaj potresemo z mešanico za nadev. S stopljenim maslom pokapamo plast nadeva.

3. Zaprite pokrov in kuhajte na majhnem ognju 5 do 7 ur.

4. Opomba: Piščančje prsi so zelo puste in suhe, če so prepečene.

5. Odvisno od vašega štedilnika je lahko piščanec popolnoma pečen v 4 urah ali manj. Preizkusite recept s piščančjimi bedri brez kosti za daljši čas kuhanja.

Hot Pot Chicken Enchilada Topel obrok

VSEBINA

- 9 koruznih tortilj, 6 palcev
- 1 pločevinka (12 do 16 unč) polnozrnatega čilija, odcejenega
- 2 do 3 skodelice kuhanega piščanca, narezanega na kocke
- 1 čajna žlička paprike
- 1/4 čajne žličke mletega črnega popra
- 1/2 čajne žličke soli ali po okusu
- 1 pločevinka (4 unče) sesekljanega zelenega čilija, blag
- 2 skodelici naribanega mehiškega mešanega sira ali blagega čedar sira
- 2 pločevinki (po 10 unč) omake enchilada
- 1 pločevinka (15 unč) črnega fižola, opranega in odcejenega
- guacamole in kislo smetano

PRIPRAVA

1. Počasen kuhalnik poškropite s pršilom za kuhanje proti prijemanju.

2. Na dno počasnega kuhalnika položite 3 štruce kruha.

3. Pol koruznega kruha, pol piščanca, približno pol začimb in pol čilija.

4. Potresemo s polovico naribanega sira in čez sir prelijemo približno 3/4 skodelice omake enchilada.

5. Ponovite s 3 tortiljami, črnim fižolom, preostalim piščancem, začimbami, čilijem in sirom.

1. Prelijemo s preostalimi tortiljami in omako enchilada.

2. Pokrijte in kuhajte pri nizki temperaturi 5 do 6 ur.

3. Postrezite z guacamolejem in kislo smetano.

4. Za 6 do 8 oseb.

Dušene piščančje enčilade

VSEBINA

- 1 velika pločevinka (19 unč) omake enchilada
- 6 piščančjih prsi brez kosti
- 2 škatli piščančje kremne juhe
- 1 majhna škatla narezanih črnih oliv
- 1/2 skodelice sesekljane čebule
- 1 pločevinka (4 unče) sesekljane mehke čili paprike
- 16 do 20 koruznih tortilj
- 16 unč naribanega ostrega sira čedar

PRIPRAVA

1. Piščanca skuhamo in narežemo. Primešamo juho, olive, čili papriko in čebulo. Tortilje narežemo na rezine. Po vrhu razporedimo mešanico z omako, tortiljo, jušno mešanico, piščancem in sirom ter zaključimo s sirom. Pokrijte in kuhajte pri nizki temperaturi 5 do 7 ur.

2. 8-10 oseb

Piščančje tortilje v ponvi

VSEBINA

- 4 skodelice kuhanega piščanca, zmletega ali narezanega na velike koščke
- 1 škatla kremne piščančje juhe
- 1/2 c. zelena čili salsa
- 2 žlici. tapioka za hitro kuhanje
- 1 srednja. Čebula, sesekljana
- 1 1/2 c. nariban sir
- 12 do 15 koruznih tortilj
- Črne olive
- 1 sesekljan paradižnik
- 2 žlici sesekljane mlade čebule
- kisla smetana za okras

PRIPRAVA

1. Piščanca zmešajte z juho, čili salso in tapioko. Narežite 3 koruzne tortilje in dno Crock Pot-a na majhne koščke. Dodajte 1/3 piščančje mešanice. Potresemo 1/3 čebule in 1/3 naribanega sira. Ponovite plasti tortilj, napolnjenih z mešanico piščanca, čebule in sira. Pokrijte in kuhajte 6 do 8 ur pri nizki temperaturi ali 3 ure pri visoki temperaturi. Okrasimo z narezanimi črnimi

olivami, na kocke narezanim paradižnikom, mlado čebulo in po želji kislo smetano.

enolončnica enolončnica

VSEBINA

- 1 funt posušenega mornarskega fižola, opranega
- 4 kozarci vode
- 4 piščančje prsi brez kože in kosti, narezane na 1-palčne kose
- 8 unč kuhane šunke, narezane na 1-palčne kose
- 3 veliki korenčki, narezani na tanke rezine
- 1 skodelica sesekljane čebule
- 1/2 skodelice narezane zelene
- 1/4 skodelice tesno pakiranega rjavega sladkorja
- 1/2 čajne žličke soli
- 1/4 čajne žličke suhe gorčice
- 1/4 čajne žličke popra
- 1 pločevinka (8 unč) paradižnikove omake
- 2 žlici melase

PRIPRAVA

2. V pečici ali velikem kotličku fižol čez noč namočite v 4 skodelice vode.

3. Fižol pokrijte in na majhnem ognju dušite približno 1 uro in pol, dokler se ne zmehča, po potrebi dodajte še malo vode.

4. V lonec dajte fižol in tekočino. Dodajte preostale sestavine; dobro premešaj.

5. Pokrijte in kuhajte pri nizki temperaturi 7 do 9 ur, dokler se zelenjava ne zmehča.

6. Za 6 do 8 oseb.

Mesne kroglice iz piščanca in zelišč v loncu

VSEBINA

- 3 kg kosov piščanca brez kože
- sol in poper
- 1/4 skodelice sesekljane čebule
- 10 majhnih glav česna
- 2 stroka česna, sesekljana
- 1/4 žličke mletega majarona
- 1/2 čajne žličke zdrobljenega posušenega timijana
- 1 lovorjev list
- 1/2 kozarca suhega belega vina
- 1 kozarec mlečne smetane
- 1 kozarec mešanice za biskvit
- 1 žlica sesekljanega peteršilja
- 6 žlic mleka

PRIPRAVA

1. Piščanca začinimo s soljo in poprom, damo v počasni kuhalnik ali lonec. V lonec dajte vso čebulo. Dodamo česen, majaron, timijan, lovorov list in vino. Pokrito kuhamo na majhnem ognju 5 do 6 ur. Odstranite lovorjev list. Zmešamo s kislo smetano. Ogenj povečamo in zmešamo biskvitno zmes s peteršiljem.

Mleko vmešamo v zmes za biskvit, da se dobro navlaži. Mesne kroglice z žlice spustimo na rob ponve. Pokrijte in na močnem ognju kuhajte še 30 minut, da so mesne kroglice pečene.

Piščanec na žaru v ponvi

VSEBINA

- 2 piščančji prsi brez kosti in kože
- 1 1/2 skodelice paradižnikovega kečapa
- 3 žlice rjavega sladkorja
- 1 žlica Worcestershire omake
- 1 žlica sojine omake
- 1 žlica jabolčnega kisa
- 1 čajna žlička mlete rdeče pekoče paprike ali po okusu
- 1/2 čajne žličke česna v prahu

PRIPRAVA

1. V počasnem kuhalniku zmešajte vse sestavine za omako. Dodajte piščanca; Obrnite jih, da se lepo vidijo z omako.

2. Pečemo 3 do 4 ure oziroma dokler ni piščanec popolnoma pečen. Piščanca natrgamo ali nasekljamo in vrnemo k omaki v lonec. Dobro premešajte, da prekrijete vse kose.

3. Če želite postreči piščanca v čvrstih zvitkih, lahko počasen kuhalnik nastavite na nizko temperaturo, da ostane topel.

4. Okusno!

Piščanec na žaru v ponvi

VSEBINA

- 1 pečen piščanec, nasekljan ali na četrtine
- 1 pločevinka zgoščene paradižnikove juhe
- 3/4 c. sesekljano čebulo
- 1/4 c. kis
- 3 žlice. rjavi sladkor
- 1 žlica. Worcestershire omaka
- 1/2 žličke. sol
- 1/4 žličke. sladka bazilika
- ščepec timijana

PRIPRAVA

1. Postavite piščanca v počasen kuhalnik. Vse ostale sestavine zmešamo in prelijemo čez piščanca. Tesno pokrijte in kuhajte na NIZKI 6 do 8 ur. za 4 osebe.

Piščančja enolončnica

VSEBINA

- 2 skodelici posušenega severnega fižola, namočenega čez noč
- 3 kozarca vrele vode
- 1 skodelica sesekljane čebule
- 2 stroka česna, sesekljana
- 2 do 3 pločevinke jalapeno paprike, sesekljane (vložene so v redu)
- 1 žlica mlete kumine
- 1 čajna žlička paprike
- 1 do 1 1/2 funtov piščančjih prsi brez kosti, narezanih na 1-palčne kose
- 2 manjši bučki ali buči, narezani na kocke
- 1 pločevinka (12 do 15 unč) polnozrnate koruze, odcejene
- 1/2 skodelice kisle smetane
- 2 1/4 čajne žličke soli
- 1 žlica limoninega soka
- 1/4 skodelice sesekljanega svežega cilantra in nekaj okrasa po želji
- 1 nasekljan paradižnik ali češnjev paradižnik prerezan na pol za okras
- kisla smetana za okras

PRIPRAVA

1. V počasnem kuhalniku zmešajte fižol in vrelo vodo. Pustite počivati, medtem ko pripravite ostale sestavine. V ognjevarno posodo dodamo sesekljano čebulo, sesekljan česen, jalapeno poper, kumino in kosmiče čilija. Nanj položite piščanca. V lonec dodamo na kocke narezane bučke. Pokrijte in dušite 7 do 8 ur oziroma dokler se fižol ne zmehča. Zmešamo koruzo, kislo smetano, sol, limonin sok in sesekljan koriander. Spoon v sklede. Po želji okrasimo s kančkom kisle smetane, narezanim paradižnikom in nasekljanim svežim koriandrom.

Piščančja enolončnica Chow Mein

VSEBINA

- 1 1/2 funta piščančjih prsi brez kosti, narezanih na 1-palčne kose
- 1 žlica rastlinskega olja
- 1 1/2 skodelice sesekljane zelene
- 1 1/2 skodelice sesekljanega korenja
- 6 glav mlade čebule, sesekljane
- 1 kozarec piščančje juhe
- 1/3 skodelice sojine omake
- 1/4 žličke mlete paprike ali po okusu
- 1/2 čajne žličke mletega ingverja
- 1 strok česna, drobno sesekljan
- 1 pločevinka (približno 12 do 15 unč) unč fižolovih kalčkov, odcejenih
- 1 pločevinka (8 unč) narezanega kostanja, odcejenega
- 1/4 skodelice koruznega škroba
- 1/3 kozarca vode

PRIPRAVA

1. Kosi piščanca popečemo v veliki ponvi. Ocvrtega piščanca položite v počasen kuhalnik. Dodajte preostale sestavine razen

koruznega škroba in vode. Vmešavati se. Pokrijte in kuhajte pri nizki temperaturi 6 do 8 ur. Počasni kuhalnik nastavite na VISOKO. Zmešajte škrob in vodo v majhni skledi, dokler se ne raztopita in postaneta gladka. Vmešajte v tekočine v počasnem kuhalniku. Pustite pokrov rahlo priprt, da lahko para uhaja, kuhajte približno 20 do 30 minut, dokler se ne zgosti.

2. Postrezite z rižem ali rezanci. Lahko se podvoji za 5 qt. počasni kuhalnik/lonec za kuhanje.

Cordon Bleu piščanec v enolončnici

VSEBINA

- 4-6 piščančjih prsi (tanko pretlačenih)
- 4-6 kosov šunke
- 4-6 rezin švicarskega sira ali mocarele
- 1 škatla gobove kremne juhe (lahko uporabite poljubno gobovo kremno juho)
- 1/4 skodelice mleka

PRIPRAVA

1. Na vrh piščanca položite šunko in sir. Zvijte in pritrdite z zobotrebcem. Piščanca postavite v počasni štedilnik/Crock Pot, tako da bo videti kot trikotnik /_\ Ostalo postavite na vrh. Zmešajte juho z mlekom; Prelijemo čez piščanca. Pokrijte in dušite 4 ure oziroma dokler piščanec ni več rožnat. Postrezite čez rezance z omako, ki ste jo naredili.

2. Terezina opomba: Najboljši recept, kar sem jih kdaj poskusila, je okusen.

Piščančja enolončnica Cordon Bleu II

VSEBINA

- 6 polovic piščančjih prsi
- 6 rezin šunke
- 6 rezin švicarskega sira
- 1/2 c. Slava
- 1/2 c. parmezan
- 1/2 žličke. sol
- 1/4 žličke. poper
- 3 žlice olja
- 1 škatla kremne piščančje juhe
- 1/2 kozarca suhega belega vina

PRIPRAVA

1. Polovico vsake piščančje prsi položite med kos plastične folije in jo potapkajte do enakomerne debeline. Na vsake piščančje prsi položite rezino šunke in rezino švicarskega sira; zvijte in pritrdite z zobotrebci ali kuhinjsko vrvico. V skledi zmešamo moko, parmezan, sol in poper. Piščanca povaljajte v mešanici

parmezana in moke; Postavimo v hladilnik za 1 uro. Ko se piščanec ohladi, segrejte ponev s 3 žlicami olja; rjav piščanec vse naokoli.

2. V loncu zmešajte piščančjo juho in vino. Dodajte pečenega piščanca in kuhajte na NIZKO 4 1/2 do 5 1/2 ure ali na VISOKO približno 2 1/2 uri. Omako zgostimo z mešanico moke in hladne vode (približno 2 žlici moke pomešamo z 2 žlicama hladne vode). Pečemo še 20 minut, da se zgosti.

3. Za 6 oseb.

piščančje krače v enolončnici

VSEBINA

- 12 do 16 piščančjih krač brez kože
- 1 skodelica javorjevega sirupa
- 1/2 skodelice sojine omake
- 1 pločevinka (14 unč) cele brusnične omake
- 1 čajna žlička dijonske gorčice
- 1 žlica koruznega škroba
- 1 žlica hladne vode
- po želji narezana zelena čebula ali sveže sesekljan koriander

PRIPRAVA

1. Če raje pustimo kožo na kračih, damo piščanca v večji lonec, prelijemo z vodo in pustimo, da zavre na močnem ognju. Pustite vreti približno 5 minut. Parboiling bo s kože odstranil nekaj odvečne maščobe.

2. Odstranite piščanca, posušite in položite krače v počasen kuhalnik.

3. V skledi zmešajte javorjev sirup, sojino omako, brusnično omako in gorčico. Prelijemo čez mesne kroglice.

4. Pokrijte in kuhajte na NIZKI 6 do 7 ur ali na VISOKEM približno 3 ure. Piščanec mora biti zelo mehak, vendar ne popolnoma razrezan.

5. Piščančje bedre prestavimo na krožnik in pustimo na toplem.

6. Zmešajte koruzni škrob in hladno vodo v skledi ali majhni posodi. Mešajte do gladkega.

7. Povečajte temperaturo počasnega kuhalnika na visoko in vmešajte mešanico koruznega škroba. Kuhamo približno 10 minut, dokler se ne zgosti.

8. Ali pa tekočino prestavite v lonec in zavrite. Vmešajte mešanico koruznega škroba in med mešanjem kuhajte minuto ali dve, dokler se omaka ne zgosti.

9. Po želji postrezite okrašeno z narezano zeleno čebulo ali sesekljanim cilantrom.

10. Različice
11. Namesto piščančjih krač uporabite piščančje krače s kostmi. Pred kuhanjem odstranite kožo.

12. Namesto krač uporabite 6 do 8 celih piščančjih krač brez kože.

Crockpot piščančji frikasee

VSEBINA

- 1 pločevinka kondenzirane kremne piščančje juhe z zmanjšano vsebnostjo maščob ali Healthy Wish
- 1/4 kozarca vode
- 1/2 skodelice sesekljane čebule
- 1 čajna žlička mlete rdeče paprike
- 1 čajna žlička limoninega soka
- 1 čajna žlička zdrobljenega posušenega rožmarina
- 1 čajna žlička timijana
- 1 čajna žlička peteršiljevih listov
- 1 čajna žlička soli
- 1/4 čajne žličke popra
- 4 piščančje prsi brez kosti in kože
- Sprej za kuhanje proti prijemanju
- Drobnjakove polpete
- 3 žlice trdne maščobe
- 1 1/2 skodelice moke
- 2 žlički. pecilni prašek
- 3/4 žličke. sol
- 3 žlice sveže sesekljanega drobnjaka ali peteršilja

- 3/4 skodelice posnetega mleka

PRIPRAVA

1. Počasen kuhalnik poškropite s pršilom za kuhanje proti prijemanju. Piščanca postavite v počasen kuhalnik.

2. Zmešajte juho, vodo, čebulo, papriko, limonin sok, rožmarin, timijan, peteršilj, 1 žličko soli in poper; Prelijemo čez piščanca. Pokrijte in kuhajte pri nizki temperaturi 6 do 7 ur. Spodnje polpete pripravite eno uro pred serviranjem.

3. Mesne kroglice:

4. Suhe sestavine mešajte z mešalnikom za testo ali vilicami in maso, dokler mešanica ne postane groba moka.

5. Dodamo drobnjak ali peteršilj in mleko; Mešajte le toliko časa, da se dobro poveže. Čajno žličko naenkrat pokapljajte po vročem piščancu in omaki. Pokrijte in nadaljujte s kuhanjem na HIGH še 25 minut, dokler mesne kroglice niso kuhane. Postrezite s pire krompirjem ali rezanci, z zelenjavo ali solato.

Piščančja Reuben enolončnica

VSEBINA

- 2 vrečki (po 16 unč) kislega zelja, oplaknjeno in odcejeno
- 1 skleda lahkega ali nizkokaloričnega ruskega solatnega preliva, razdeljena
- 6 piščančjih prsi brez kosti in kože
- 1 žlica pripravljene gorčice
- 4 do 6 rezin švicarskega sira
- po želji svež peteršilj za okras

PRIPRAVA

1. Polovico kislega zelja položite v 3 1/2 litrski električni kuhalnik. Prelijte s približno 1/3 skodelice preliva. Na vrh položite 3 piščančje prsi in piščanca namažite z gorčico. Na vrh potresemo preostalo kislo zelje in piščančje prsi. Na ponev prelijte še 1/3 skodelice omake. Preostali preliv ohladite do serviranja. Pokrijte in dušite na majhnem ognju približno 3 1/2 do 4 ure ali dokler piščanec ni popolnoma bel in mehak.

2. Za serviranje enolončnico položite na 6 krožnikov. Na vsako položimo rezino sira in pokapljamo z nekaj žličkami ruske omake. Postrezite takoj, po želji okrasite s svežim peteršiljem.

3. Za 6 oseb.

Piščančja enolončnica iz artičoke

VSEBINA

- 1 1/2 do 2 funta polpetov piščančjih prsi brez kosti in kože
- 8 unč narezanih svežih gob
- 1 pločevinka (14,5 unč) na kocke narezanega paradižnika
- 1 paket zamrznjenih artičok, 8 do 12 unč
- 1 kozarec piščančje juhe
- 1/2 skodelice sesekljane čebule
- 1 pločevinka (3 do 4 unče) narezanih zrelih oliv
- 1/4 skodelice suhega belega vina ali piščančje juhe
- 3 žlice hitro kuhane tapioke
- 2 žlički karija ali po okusu
- 3/4 žličke zdrobljenega posušenega timijana
- 1/4 čajne žličke soli
- 1/4 čajne žličke popra
- 4 skodelice vroče kuhanega riža

PRIPRAVA

1. Operite piščanca; posušite in postavite na stran. V 3 1/2 do 5 litrskem počasnem kuhalniku zmešajte gobe, paradižnike, srčke artičok, piščančjo juho, sesekljano čebulo, narezane olive in vino. Dodajte tapioko, kari, timijan, sol in poper. Dodajte piščanca v

enolončnico; Nekaj paradižnikove mešanice nanesite na piščanca.

2. Pokrijte in kuhajte na NIZKI 7 do 8 ur ali na VISOKEM 3 1/2 do 4 ure. Postrežemo z vročim kuhanim rižem.

3. Za 6 do 8 obrokov.

Piščančja enolončnica z gorčico Dijon

VSEBINA

- 4 do 6 polovic piščančjih prsi brez kosti
- 2 žlici dijonske gorčice
- 1 škatla kremne gobove juhe z 98 % maščobe
- 2 žlički koruznega škroba
- Črni poper

PRIPRAVA

1. Polovico piščančjih prsi položite v počasni kuhalnik.
2. Zmešajte preostale sestavine in z žlico prelijte piščanca.
3. Pokrijte in na majhnem ognju kuhajte 6 do 8 ur.

Piščančji lonec z rižem

VSEBINA

- 4 do 6 piščančjih prsi brez kosti in kože

- 1 pločevinka (10 3/4 unč) kondenzirane kremne gobove juhe ali piščančje smetane

- 1/2 kozarca vode

- 3/4 skodelice predelanega riža, nekuhanega

- 1 1/2 skodelice piščančje juhe

- 1 do 2 skodelici zamrznjenega stročjega fižola, odmrznjenega

PRIPRAVA

1. Piščančje prsi položite v enolončnico. Dodajte kremno gobovo juho in 1/2 skodelice vode.

2. Dodajte 3/4 skodelice riža in piščančjo osnovo.

3. Dodajte stročji fižol.

4. Pokrijte in kuhajte pri nizki temperaturi 6 ur ali dokler piščanec ni kuhan in riž ni mehak.

Namenjena je 4 do 6 osebam.

Paradižnikova enolončnica s piščancem

VSEBINA

- 4 do 6 polovic piščančjih prsi
- 2 zeleni papriki, narezani na rezine
- 1 pločevinka narezanega kuhanega paradižnika
- 1/2 majhne steklenice italijanske omake (po želji brez maščobe)

PRIPRAVA

1. Piščančje prsi, zeleno papriko, dušene paradižnike in italijansko omako damo v počasni kuhalnik ali lonec in kuhamo na majhnem ognju ves dan (6 do 8 ur).

2. Ta recept s poširanim paradižnikovim piščancem je delil Myron s Floride

Golaž Cola piščanec

VSEBINA

- 1 cel piščanec, približno 3 funte
- 1 skodelica kečapa
- 1 večja čebula narezana na tanke rezine
- 1 kozarec Cole, Cole, Pepsi, Dr. poper itd.

PRIPRAVA

1. Piščanca operemo in osušimo. Poper in sol po okusu. Piščanca položite v lonec s čebulo. Dodajte kokakolo in kečap ter kuhajte na NIZKI 6 do 8 ur. Uživati!

2. Objavila Molly

Piščančja kreolska enolončnica

VSEBINA

- 1 funt piščančjih nog brez kosti, odstranjene kože, narezane na 1-palčne kose
- 1 pločevinka (14,5 unč) paradižnikovega soka
- 1 1/2 skodelice piščančje juhe
- 8 unč popolnoma kuhane prekajene klobase, narezane na rezine
- 1/2 do 1 skodelice na kocke narezane kuhane šunke
- 1 skodelica sesekljane čebule
- 1 pločevinka (6 unč) paradižnikove paste
- 1/4 kozarca vode
- 1 1/2 žličke kreolske začimbe
- nekaj kapljic omake Tabasco ali druge čilijeve omake
- 2 skodelici instant riža, nekuhanega•
- 1 skodelica sesekljane zelene paprike

PRIPRAVA

1. V počasnem kuhalniku zmešajte piščanca, paradižnik, juho, klobaso, šunko, čebulo, paradižnikovo pasto, vodo, začimbe in omako Tabasco. Pokrijte in kuhajte pri nizki temperaturi 5 do 6 ur.

2. V lonec dodajte riž• in zeleno papriko ter kuhajte še 10 minut ali dokler se riž ne zmehča in ne vpije večine tekočine.

3. Po želji skuhajte 1 1/2 skodelice navadnega dolgozrnatega riža in postrezite s piščančjo mešanico.

4. Za 6 oseb.

Piščanca prepražimo z zelišči in nadevom

VSEBINA

- 1 pločevinka (10 1/2 unč) piščančje kremne in zeliščne juhe
- 1 pločevinka (10 1/2 unč) kremne zelene ali kremne piščančje juhe
- 1/2 kozarca suhega belega vina ali piščančje juhe
- 1 čajna žlička posušenih listov peteršilja
- 1 čajna žlička posušenega timijana, zdrobljenega
- 1/2 čajne žličke soli
- Črni poper
- 2 do 2 1/2 skodelice začinjenega preliva iz drobtin, približno 6 unč, razdeljeno
- 4 žlice masla, razdeljeno
- 6 do 8 piščančjih prsi brez kosti in kože

PRIPRAVA

eno.

2. Zmešajte juhe, vino ali juho, peteršilj, timijan, sol in poper.

3. Piščanca operemo in osušimo.

4. 5 do 7 litrski kuhalnik za počasno kuhanje rahlo premažite z oljem.

5. Na dno pekača potresite približno 1/2 skodelice drobtin za nadev in pokapljajte s približno 1 žlico masla.

6. Nadevajte polovico piščanca, nato polovico preostalih drobtin. Pokapljamo s polovico preostalega masla in z žlico prelijemo polovico jušne mešanice.

1. Ponovite s preostalim piščancem, drobtinami za nadev, maslom in mešanico juhe.

2. Pokrijte in kuhajte na NIZKI 5 do 7 ur ali dokler ni piščanec kuhan.

Namenjena je 6 do 8 osebam.

Piščanca prepražimo z zelišči in nadevom

VSEBINA

- 1 pločevinka (10 1/2 unč) piščančje kremne in zeliščne juhe
- 1 pločevinka (10 1/2 unč) kremne zelene ali kremne piščančje juhe
- 1/2 kozarca suhega belega vina ali piščančje juhe
- 1 čajna žlička posušenih listov peteršilja
- 1 čajna žlička posušenega timijana, zdrobljenega
- 1/2 čajne žličke soli
- Črni poper
- 2 do 2 1/2 skodelice začinjenega preliva iz drobtin, približno 6 unč, razdeljeno
- 4 žlice masla, razdeljeno
- 6 do 8 piščančjih prsi brez kosti in kože

PRIPRAVA

1. Zmešajte juhe, vino ali juho, peteršilj, timijan, sol in poper.
2. Piščanca operemo in osušimo.

3. 5 do 7 litrski kuhalnik za počasno kuhanje rahlo premažite z oljem.

4. Na dno pekača potresite približno 1/2 skodelice drobtin za nadev in pokapljajte s približno 1 žlico masla.

5. Dajte polovico piščanca, nato polovico preostalih drobtin. Pokapljamo s polovico preostalega masla in z žlico prelijemo polovico jušne mešanice.

1. Ponovite s preostalim piščancem, drobtinami za nadev, maslom in mešanico juhe.

2. Pokrijte in kuhajte na NIZKI 5 do 7 ur ali dokler ni piščanec kuhan.

Namenjena je 6 do 8 osebam.

Piščanec na italijanski način v lončku

VSEBINA

- 4 kilograme piščančjih kosov
- 3 žlice oljčnega olja
- 2 čebuli narezani na rezine
- 1 čajna žlička soli
- 1/2 čajne žličke sveže mletega črnega popra
- 2 rebri zelene, drobno narezani
- 2 skodelici na kocke narezanega krompirja
- 1 pločevinka (14,5 unč) na kocke narezanega paradižnika, neodcejenega
- 1 čajna žlička posušenih listov timijana
- 1 žlica posušenih peteršiljevih listov
- 1 skodelica zamrznjenega graha, odmrznjenega

PRIPRAVA

1. Na segretem olju popečemo kose piščanca. Solimo, popramo in dodamo čebulo ter pražimo še 5 minut. Na dno počasnega kuhalnika položite zeleno in krompir, na vrh pa popraženega piščanca, čebulo in paradižnik s sokom, timijanom in peteršiljem. Pokrijte in na majhnem ognju kuhajte 6 do 8 ur. V zadnjih 30 minutah dodajte grah.

2. Namenjena je 6 osebam.

Piščančja obara Lima fižol

VSEBINA

- 3 do 4 kilograme kosov piščanca
- sol in poper
- 1 žlica rastlinskega olja
- 2 velika krompirja, narezana na 1 cm velike kocke
- 1 paket zamrznjenega fižola lima, odmrznjenega
- 1 kozarec piščančje juhe
- 1/4 čajne žličke posušenega timijana, zdrobljenega

PRIPRAVA

1. Piščanca solimo in popramo. V veliki ponvi segrejte olje in maslo; Piščanca na obeh straneh prepražimo do zlato rjave barve. Piščanca prestavimo v lonec s preostalimi sestavinami. Pokrijte in kuhajte na majhnem ognju 4 do 6 ur, dokler se piščanec ne zmehča.

2. Storitev 4.

Turški užitek z mešanico testenin in sira

VSEBINA

- 1 kozarec omake Alfredo
- Zahtevajte 1 škatlo zdrave kremne gobove juhe
- 1 (7 oz) belega tuna ali piščanca, odcejenega ali uporabite ostanke kuhanega piščanca ali mesa
- 1/4 čajne žličke karija
- 1 do 1 1/2 skodelice zamrznjene mešane zelenjave
- 1 1/2 skodelice naribanega švicarskega sira
- 4 skodelice kuhanih testenin (testenine, metuljček, rakci)

PRIPRAVA

1. Združite prvih 5 sestavin; Pokrijte in kuhajte pri nizki temperaturi 4 do 5 ur. V zadnji uri mešanici dodajte švicarski sir. Skuhajte testenine v skladu z navodili na embalaži; Odcedite in dodajte v počasen kuhalnik. To bi bilo prav tako dobro kot dodajanje kuhanega ali konzerviranega piščanca, ostankov šunke ali samo dodatne zelenjave!

2. Storitev 4.

Debina enolončnica s piščancem in nadevom

VSEBINA

- 1 zavitek pripravljene mešanice zelišč za nadev
- 4 do 6 piščančjih prsi brez kosti ali brez kosti, brez kože•
- 1 pločevinka (10 3/4 unč) kondenzirane smetane piščančje juhe, nerazredčena
- 1 pločevinka (3 do 4 unče ali več) narezanih gob, odcejenih

PRIPRAVA

1. Namastite dno in stranice počasnega kuhalnika.

2. Pripravite pakirano (ali doma narejeno) mešanico za nadev z maslom in tekočino v skladu z navodili na embalaži.

3. Pripravljen nadev položimo na dno pomaščene posode.

4. Na nadev položite kose piščanca. Piščanec se lahko nekoliko prekriva, vendar ga poskusite zložiti tako, da je prekrivanja čim manj. Če je prostora, lahko uporabite več piščanca.

5. Piščanca prelijemo s kondenzirano kremno piščančjo juho. Po želji lahko uporabimo tudi gobovo kremo ali kremo zelene. Napolnite z gobami. Gobe obvezno malo premešamo, da so pokrite z juho.

6. Zaprite pokrov in kuhajte na majhnem ognju 5 do 7 ur.

7. •Piščančje prsi se pri dolgotrajnem kuhanju izsušijo, zato preverite prej. Bedra so bolj mastna od piščančjih prsi, zato jih lahko pečemo dlje.

Dianin piščanec a la King

VSEBINA

- 1 1/2 do 2 kilograma piščanca brez kosti
- 1 do 1 1/2 skodelice korenja, narezanega na vžigalice
- 1 šop kapesant, narezan na 1/2-palčne kose
- 1 kozarec pimenta ali sira za predelavo pimenta in oliv (5 oz)
- 1 škatla kremne piščančje juhe z 98 % maščobe
- 2 žlici suhega šerija (neobvezno)
- poper in sol po okusu

PRIPRAVA

1. Postavite vse sestavine v počasni štedilnik/lonec (3 1/2 litra ali več) v navedenem vrstnem redu; premešajte, da se združi. Pokrijte in na majhnem ognju kuhajte 7 do 9 ur. Postrezite z rižem, toastom ali piškoti.

2. Za 6 do 8 oseb.

Piščanec iz kopra z zelenjavo

VSEBINA

- 1 do 1 1/2 funtov piščančjih mehčkov, narezanih na 1-palčne kose
- 1 žlica posušene sesekljane čebule (ali drobno sesekljane čebule)
- 1 pločevinka navadne gobove juhe ali kremne juhe z 98 % manj maščobe
- 1 paket (1 unča) mešanice gobove omake (nadomestite jo lahko s piščancem ali podeželsko omako)
- 1 skodelica mladega korenja
- 1/2 do 1 čajna žlička kopra
- začinimo s soljo in poprom po okusu
- 1 skodelica zamrznjenega graha

PRIPRAVA

1. Zmešajte prvih 7 sestavin v počasnem kuhalniku/lončku; Pokrijte in na majhnem ognju kuhajte 6 do 8 ur. Zadnjih 30 do 45 minut dodamo še zamrznjen grah. Postrezite z rižem ali pire krompirjem.
2. Storitev 4.

Don's Sweet and Sour Chicken

VSEBINA

- 2 do 4 piščančje prsi brez kože
- 1 velika čebula, grobo sesekljana
- 2 papriki (ena zelena, ena rdeča)
- 1 skodelica cvetov brokolija
- 1/2 skodelice koščkov korenja
- 1 velika pločevinka ananasa (odcedite in PRIHRANITE)
- 1/4-1/2 skodelice rjavega sladkorja (lahko uporabite navaden)
- Po potrebi dodajte vodo/vino/sok belega grozdja/pomarančni sok itd. za dodatno tekočino.
- 1 žlica koruznega škroba za vsako skodelico tekočine, ki jo dobite
- po želji pekoča omaka
- sol in poper po želji
- cimet po želji
- piment po želji
- nageljnove žbice po želji
- kari po želji

PRIPRAVA

1. Piščančje prsi postavite v počasen kuhalnik ali lonec. Dodajte čebulo, papriko, brokoli in korenje. Mešajte, dokler se dobro ne združi, brez grudic v sladkorju, tekočini, začimbah, koruznem škrobu in sladkorju. Prelijemo čez piščanca. Če je soka premalo, dodajte tekočino, ki jo želite doseči želeno raven. (Ne pozabite: za vsako dodatno skodelico tekočine vmešajte še eno žlico koruznega škroba, preden jo vlijete v počasni kuhalnik).

2. Pokrijte in kuhajte pri nizki temperaturi 6 do 8 ur. Včasih spremenim recept tako, da uporabim sadni koktajl in malo manj sladkorja, ananasovo ali marelično marmelado ali pomarančno marmelado. (Ko uporabljate marmelado, ne potrebujete koruznega škroba ali sladkorja. Uporabite svojo domišljijo. Ne pozabite, da je sladko in kislo v bistvu sok in kis.

Počasi kuhan piščanec z rahlim sirom

VSEBINA

- 6 piščančjih prsi brez kosti in kože
- poper in sol po okusu
- česen v prahu po okusu
- 2 škatli kondenzirane kremne piščančje juhe
- 1 škatla kondenzirane juhe s čedarjem

PRIPRAVA

1. Piščanca operemo in potresemo s soljo, poprom in česnom v prahu. Premešajte nerazredčeno juho in z njo prelijte piščanca v Crock Pot-u.

2. Pokrijte in na majhnem ognju kuhajte 6 do 8 ur.

3. Postrezite z rižem ali rezanci.

4. Za 6 oseb.

Preprosti Cacciatore s piščancem

VSEBINA

- 1 piščanec, sesekljan, približno 3 do 3 1/2 funtov
- 1 kozarec omake za špagete
- sesekljano čebulo
- narezane gobe
- sesekljana zelena paprika
- sol in poper
- Rdeča paprika

PRIPRAVA

1. Postavite celega narezanega piščanca (3 do 3 1/2 funtov) v počasni kuhalnik/lonec. V kozarec vlijemo omako za špagete, nekaj sesekljane čebule, gob in zelene paprike. Poper in sol po okusu. (Tudi jaz uporabljam to malo papriko.)

2. Kuhajte na nizki temperaturi (7 do 9 ur) ves dan. Postrezite čez rezance ali špagete.

Preprosta omaka za testenine s piščancem

VSEBINA

- 1 lb piščanca ali piščančjih prsi, narezanih na kocke
- 1 pločevinka (15 oz) paradižnikov, sesekljanih
- 1 majhna pločevinka (6 oz) paradižnikove paste
- 1 rebro zelene narezano na rezine
- 1/4 skodelice sesekljane čebule
- 1/2 skodelice sesekljanega ali naribanega korenja, konzerviranega ali kuhanega, dokler se rahlo ne zmehča
- 1/2 čajne žličke timijana
- 1/2 čajne žličke soli
- 1/4 čajne žličke popra
- 1/2 čajne žličke česna v prahu
- ščepec sladkorja ali drugega sladila (po želji ali okusu)

PRIPRAVA

1. Vse sestavine zmešajte v ponvi ali loncu. Pokrijte in na majhnem ognju kuhajte 6 do 8 ur. Okusite in prilagodite začimbe približno 30 minut pred serviranjem in po potrebi dodajte malo vode, da se razredči. Ta preprost recept za omako s piščančjimi testeninami postrezite čez špagete, fettuccine ali druge testenine.

2. Ta preprost recept s piščancem služi za 4 osebe.

Preprost piščanec z mandlji

VSEBINA

- 4 do 6 polovic piščančjih prsi, opranih in oluščenih
- 1 pločevinka (10 3/4 oz) kremne piščančje juhe
- 1 žlica limoninega soka
- 1/3 skodelice majoneze
- 1/2 skodelice na tanke rezine narezane zelene
- 1/4 skodelice drobno sesekljane čebule
- 1/4 skodelice odcejenega sesekljanega pimenta
- 1/2 skodelice naribanih ali narezanih mandljev
- po želji sesekljan svež peteršilj

PRIPRAVA

1. Piščančje prsi položite na dno počasnega kuhalnika. V skledi zmešamo juho, limonin sok, majonezo, zeleno, čebulo in piment; Prelijemo čez piščančje prsi. Pokrijte in kuhajte, dokler se piščanec ne zmehča, 5 do 7 ur (polovice piščančjih prsi brez kosti bodo potrebovale manj časa kot polovice s kostmi). Piščančje

prsi prenesite na servirni krožnik in jih pokapajte s sokom. Po želji okrasimo s ščepcem mandljev in peteršilja.

2. Postrezite z vročim kuhanim rižem in na pari kuhanim brokolijem.

3,4 do 6 oseb.

Preprosta žlica za peko

VSEBINA

- 1 žlica ekstra deviškega oljčnega olja
- 1 velika čebula drobno sesekljana
- 4 izkoščičena in na grobo narezana piščančja stegna
- 1/4 funta kuhane prekajene klobase, narezane na kocke, kot je kielbasa ali spicier andouille
- 3 stroki česna, sesekljani
- 1 čajna žlička posušenih listov timijana
- 1/2 čajne žličke črnega popra
- 4 žlice paradižnikove paste
- 2 žlici vode
- 3 pločevinke (približno 15 unč vsaka) fižola, oprane in odcejene
- 3 žlice sesekljanega svežega peteršilja

PRIPRAVA

1. V veliki ponvi na srednjem ognju segrejte olivno olje.

2. Na segreto olje dodajte čebulo in jo med mešanjem kuhajte, dokler se čebula ne zmehča, približno 4 minute.

3. Zmešajte piščanca, klobaso, česen, timijan in poper. Pečemo 5 do 8 minut ali dokler piščanec in klobasa nista zlato rjava.

4. Dodajte paradižnikovo pasto in vodo; Prenesite v počasen kuhalnik. Velik severni fižol vmešajte v mešanico piščanca; Pokrijte in kuhajte pri nizki temperaturi 4 do 6 ur.

5. Pred serviranjem enolončnico potresemo s sesekljanim peteršiljem.

6. Storitev 6.

Enostavno dušen piščanec Santa Fe avtorice Cindy

VSEBINA

- 1 pločevinka (15 oz) črnega fižola, opranega in odcejenega
- 2 pločevinki (15 unč) polnozrnate koruze, odcejene
- 1 skodelica vaše najljubše goste in krušne salse
- 5 ali 6 piščančjih prsi brez kože in kosti (približno 2 funta)
- 1 kozarec naribanega sira Cheddar

PRIPRAVA

V 3-1/2- do 5-litrskem počasnem kuhalniku zmešajte črni fižol, koruzo in 1/2 skodelice salse.

2. Na vrh položite piščančje prsi, nato piščanca prelijte s preostalo 1/2 skodelice salse. Pokrijte in kuhajte na VISOKI 2 1/2 do 3 ure ali dokler piščanec ni mehak in bel. Ne prekuhajte, sicer bo piščanec suh.

3. Po vrhu potresemo sir; Pokrijte in pecite, dokler se sir ne stopi, približno 5 do 15 minut.

4. Za 6 oseb.

Preprosto pečen piščanec z Geoffovo omako

VSEBINA

- 1 piščanec, pečen
- sol in poper

PRIPRAVA

1. Piščanca očistimo, operemo in damo v ognjevarno posodo. Dodajte ščepec soli in ščepec črnega popra. Pustite na visoki temperaturi približno 6 ur.

2. Ko vzamemo gotov izdelek, preostalo vodo nalijemo v kozarec, pokrijemo s folijo in postavimo v zamrzovalnik za približno pol ure. Tako se strdi vsa maščoba na vrhu skodelice. To postrgajte in dodajte preostalo osnovo v omako.

Piščanec z ingverjem in ananasom

VSEBINA

- 4 do 5 piščančjih prsi brez kosti, narezanih na kocke (približno 3/4 palca)
- 1 šop kapesaton s približno 3 centimetri narezanih na 1/2 palca
- 1 pločevinka (8 oz) zdrobljenega ananasa, neodcejenega
- 1 žlica drobno sesekljanega kristaliziranega ingverja
- 2 žlici limoninega soka
- 2 žlici sojine omake (z nizko vsebnostjo natrija)
- 3 žlice rjavega sladkorja ali medu
- 1/2 čajne žličke česna v prahu

PRIPRAVA

1. Vse sestavine zmešajte v počasnem kuhalniku; Pokrijte in na majhnem ognju kuhajte 6 do 8 ur. Postrezite z rižem ali navadnimi rezanci.

2. Storitev 4.

grški piščanec

VSEBINA

- 4 do 6 piščančjih prsi brez kože
- 1 lt. lahko (15 unč) paradižnikova omaka

- 1 pločevinka (14,5 unč) paradižnikovega soka, narezanega na kocke
- 1 škatla narezanih gob
- 1 pločevinka (4 unče) narezanih zrelih oliv
- 2 stroka česna, sesekljana
- 1 žlica. limonin sok
- 1 čajna žlička. posušen list timijana
- 1/2 skodelice sesekljane čebule
- 1/2 c. suho belo vino (po želji)
- 2 skodelici vročega kuhanega riža
- sol po okusu

PRIPRAVA

1. Piščanca operemo in osušimo. Pečemo v pečici pri 350° približno 30 minut. Medtem zmešamo vse ostale sestavine (razen riža). Piščanca drobno nasekljamo in zmešamo z omako; Pokrito kuhamo na majhnem ognju 4 do 5 ur. Piščanca in omako postrežemo z vročim kuhanim rižem.

2,4 do 6 oseb.

Havajske palčke

VSEBINA

- 12 piščančjih krač
- 1 skodelica kečapa
- 1 skodelica pakiranega temno rjavega sladkorja
- 1/2 skodelice sojine omake
- nariban svež ingver, 1 žlica
- kapljica sezamovega olja

PRIPRAVA

1. Pokrijte in na majhnem ognju dušite približno 8 ur. Postrezite na belem rižu.

2. Pozdravljeni!

3. Recept za piščančje bedre, ki sta ga delila LeRoy in Nitz Dawg!

Piščanec z zelišči in zelenjavo

VSEBINA

- 3 do 4 kilograme kosov piščanca
- 1 1/2 do 2 skodelici zamrznjene ali konzervirane in odcejene majhne cele čebule
- 2 skodelici celega mladega korenja
- 2 srednje velika krompirja, narezana na 1-palčne kose
- 1 1/2 skodelice piščančje juhe
- 2 srednji rebri zelene, narezani na 2-palčne kose
- 2 rezini sesekljane slanine
- 1 lovorjev list
- 1/4 čajne žličke posušenega timijana
- 1/4 čajne žličke črnega popra
- 1/4 skodelice sesekljanega svežega peteršilja
- 2 žlici sesekljanega svežega pehtrana ali 1 žlička posušenega pehtrana
- 1 čajna žlička naribane limonine lupinice
- 2 žlici svežega limoninega soka
- 1/2 čajne žličke soli ali po okusu

PRIPRAVA

1. V počasnem kuhalniku zmešajte piščanca, čebulo, korenje, krompir, juho, zeleno, slanino, lovorjev list, timijan in poper. Postavite na nizko temperaturo in kuhajte 8 do 10 ur.

2. Pustite na stran.

3. Piščanca in zelenjavo odstranite z žlico z režami na segret krožnik. Pokrijemo s folijo in pustimo na toplem. Odstranite in zavrzite odvečno olje. Peteršilj, pehtran, limonino lupinico in limonin sok zmešamo s soljo po okusu; žlico čez piščanca in zelenjavo.

Piščanec z zelišči in divjim rižem

VSEBINA

- 1 do 1 1/2 funta piščančjega mesa ali polovica piščančjih prsi brez kosti
- 6 do 8 unč narezanih gob
- 1 žlica rastlinskega olja
- 2 do 3 rezine nadrobljene slanine ali 2 žlici prave slanine
- 1 čajna žlička masla
- 1 škatla dolgozrnatega in divjega riža Uncle Bens (z okusom piščanca).
- 1 škatla kremne piščančje juhe, pikantne ali navadne
- 1 kozarec vode
- 1 čajna žlička mešanice zelišč, na primer finih zelišč ali mešanice vaših najljubših zelišč; peteršilj, timijan, pehtran itd.

PRIPRAVA

1. Kose piščanca in gob prepražimo na olju in maslu, da rahlo porjavijo. Slanino položite na dno 3 1/2 do 5 litrov počasnega

kuhalnika. Na slanino položite riž. Rezervirajte paket začimb. Na riž položite piščančje meso – če uporabljate piščančje prsi, ga narežite na trakove ali na kocke. Piščanca zalijemo z juho, nato prilijemo vodo. Prelijemo z začimbami in potresemo z mešanico zelišč. Pokrijte in kuhajte na nizki temperaturi 5 1/2 do 6 1/2 ur ali dokler se riž ne zmehča (ne na nizki).

2,4 do 6 oseb.

Piščanec z medom in ingverjem

VSEBINA

- 3 funte pol piščančjih prsi brez kože

- 1 1/4 palca sveže ingverjeve korenine, olupljene in drobno narezane

- 2 stroka česna, sesekljana

- 1/2 skodelice sojine omake

- 1/2 skodelice medu

- 3 žlice suhega šerija

- Zmešajte 2 žlici koruznega škroba z 2 žlicama vode

PRIPRAVA

1. V majhni skledi zmešajte ingver, česen, sojino omako, med in šeri. Kose piščanca pomakamo v omako; kosi piščanca položite v počasen kuhalnik; Vse skupaj prelijemo s preostalo omako. Pokrijte in kuhajte na NIZKI približno 6 ur.

2. Odstranite piščanca na vroč servirni krožnik in nalijte tekočino v ponev ali ponev. Zavremo in še naprej kuhamo 3 do 4 minute, da se nekoliko zmanjša. V mešanico omake vmešajte koruzni škrob.

3. Na majhnem ognju kuhamo toliko časa, da se zgosti. Piščanca prelijemo z nekaj omake, ostalo pretlačimo.

4. Piščanca postrežemo z vročim rižem.

V medu pečen piščanec s sladkim krompirjem

VSEBINA

- 3 skodelice olupljenega in narezanega sladkega krompirja, približno 2 srednje velika do velika sladka krompirja

- 1 pločevinka (8 unč) koščkov ananasa, iztisnjenega, neodcejenega

- 1/2 skodelice piščančje juhe

- 1/4 skodelice drobno sesekljane čebule

- 1/2 čajne žličke mletega ingverja

- 1/3 skodelice omake za žar, vaša najljubša

- 2 žlici medu

- 1/2 čajne žličke suhe gorčice

- 4 do 6 piščančjih krač (krač in krač, brez kože)

PRIPRAVA

V 3 1/2- do 5-litrskem počasnem kuhalniku zmešajte sladki krompir, ananasov sok, piščančjo juho, sesekljano čebulo in mleti ingver; Mešajte, da se dobro poveže. V manjši skledi zmešamo omako za žar, med in suho gorčico; Mešajte, da se dobro poveže. Piščanca izdatno premažite z mešanico omake za žar z vseh strani. Obloženega piščanca položite v eno plast na mešanico sladkega krompirja in ananasa, po potrebi prekrivajte. Preostalo mešanico omake za žar prelijemo čez piščanca.

2. Pokrov; Kuhajte pri nizki temperaturi 7 do 9 ur ali dokler piščanec ni mehak na vilicah, izcedek soka in sladki krompir ni mehak.

3,4 do 6 oseb.

Hoisin piščanec z medom

VSEBINA

- 2 do 3 kilograme kosov piščanca (ali celega piščanca, narezanega)
- 2 žlici sojine omake
- 2 žlici hoisin omake
- 2 žlici medu
- 2 žlici suhega belega vina
- 1 žlica naribane korenine ingverja ali 1 žlička mletega ingverja
- 1/8 čajne žličke mletega črnega popra
- 2 žlici koruznega škroba
- 2 žlici vode

PRIPRAVA

1. Piščanca operemo in osušimo; Postavite ga pod počasen kuhalnik.

2. Zmešajte sojino omako, omako iz rozin, med, vino, ingver in poper. Z omako prelijemo piščanca.

3. Pokrijte in dušite približno 5 1/2 do 8 ur ali dokler se piščanec ne zmehča in se izcedi sok.

4. Zmešajte koruzni škrob in vodo.

5. Odstranite piščanca iz počasnega kuhalnika; Povečajte ogenj in dodajte mešanico koruznega škroba in vode.

6. Nadaljujte s kuhanjem, dokler se ne zgosti, in dodajte piščanca v počasni kuhalnik, da se segreje.

Piščanec na italijanski način

VSEBINA

- 4 piščančje prsi brez kosti, narezane na grižljaje
- 1 - 16 oz. paradižnik v pločevinkah, sesekljan
- 1 večja zelena paprika, sesekljana
- 1 manjša glavica jedilne čebule, sesekljana
- 1 srednja zelena, sesekljana
- 1 srednje velik korenček, olupljen in narezan
- 1 lovorjev list
- 1 čajna žlička posušenega timijana
- 1 čajna žlička posušene bazilike
- 1/2 čajne žličke posušenega timijana po želji
- 2 sesekljana stroka česna; ALI 2 žlički. česen v prahu
- 1/2 čajne žličke soli
- 1/2 žličke rdeče paprike ali po okusu
- 1/2 skodelice naribanega parmezana ali sira Romano

PRIPRAVA

1. Vse sestavine razen naribanega sira zmešajte v počasnem kuhalniku.

2. Pokrijte in na majhnem ognju kuhajte 6 do 8 ur. Pred serviranjem odstranimo lovorov list in potresemo z naribanim sirom.

3. Dobro se poda k rižu ali testeninam.

Piščanec v loncu na italijanski način

VSEBINA

- 1 funt piščančjih krač brez kosti ali kože ali 4 piščančje krače brez kože

- 1/2 skodelice sesekljane čebule

- 1/2 skodelice narezanih zrelih izkoščičenih oliv

- 1 pločevinka (14,5 unč) na kocke narezanega paradižnika, neodcejenega

- 1 čajna žlička posušenih listov timijana

- 1/2 čajne žličke soli

- 1/2 žličke zdrobljenega posušenega rožmarina

- ščepec suhega timijana

- 1/4 čajne žličke česna v prahu

- 1/4 skodelice hladne vode ali piščančje juhe

- 1 žlica koruznega škroba

PRIPRAVA

1. Postavite piščanca v 3 1/2 do 5 litrov počasen kuhalnik. Po vrhu položite sesekljano čebulo in narezane olive. Paradižnik zmešajte s timijanom, soljo, rožmarinom, timijanom in česnom v prahu. Paradižnikovo zmes prelijemo čez piščanca. Pokrijte in kuhajte na NIZKI 7 do 9 ur ali dokler piščanec ni mehak na vilicah in se izcedi sok. Piščanca in zelenjavo razporedimo po toplem

servirnem krožniku z rešetko. Pokrijemo s folijo in pustimo na toplem. Obrnite Crockpot na VISOKO.

2. Zmešajte vodo ali juho in koruzni škrob v skodelici ali majhni skledi; mešajte do gladkega. Vmešajte v tekočino v loncu. Pokrijemo in kuhamo dokler se ne zgosti. Zgoščeno omako postrežemo k piščancu.

3. Storitev 4.

Italijanski piščančji špageti, počasen kuhalnik

VSEBINA

- 1 pločevinka (8 unč) paradižnikove omake
- 6 do 8 polovic piščančjih prsi brez kosti in kože
- 1 pločevinka (6 unč) paradižnikove paste
- 3 žlice vode
- 3 srednje velike stroke česna, sesekljane
- 2 žlički zdrobljenih posušenih listov timijana
- 1 čajna žlička sladkorja ali po okusu
- vroče kuhane špagete
- 4 unče naribanega sira mozzarella
- Nariban parmezan

PRIPRAVA

1. Po želji na segretem olju popečemo piščanca; praznjenje. Obilno potresemo s soljo in poprom. Piščanca postavite v počasen kuhalnik. Zmešajte paradižnikovo omako, paradižnikovo pasto, vodo, česen, timijan in sladkor; Prelijemo čez piščanca. Pokrijte in kuhajte pri nizki temperaturi 6 do 8 ur.

Odstranite piščanca in ga hranite na toplem. Štedilnik pristavimo na močan ogenj, v omako vmešamo mocarelo. Pokrito kuhamo toliko časa, da se sir stopi in omaka dobro segreje.
2. Piščanca in omako postrezite čez vroče kuhane špagete. Postrezite s parmezanom.
3. Namenjena je 6 do 8 osebam.

Enostaven piščanec Stroganoff

VSEBINA

-
- 1 skodelica kisle smetane brez maščobe
- 1 žlica večnamenske moke Gold Metal
- 1 paket mešanice piščančje omake (približno 1 unča)
- 1 kozarec vode
- 1 funt piščančjih prsi brez kosti in kože, narezanih na 1-palčne kose
- 16 unč zamrznjenega kalifornijskega zelenja, odmrznjenega
- 1 skodelica narezanih gob, dušenih
- 1 skodelica zamrznjenega graha
- 10 unč krompirja, olupljenega in narezanega na 1-palčne kose, približno 2 srednje velika olupljena krompirja
- 1 1/2 skodelice mešanice za peko Bisquick
- 4 zelene čebule, sesekljane (1/3 skodelice)
-

1/2 skodelice 1% mleka z nizko vsebnostjo maščobe

PRIPRAVA

1. Zmešajte kislo smetano, moko, mešanico omake in vodo v 3-1/2- do 5-litrski ponvi do gladkega. Zmešajte piščanca, zelenjavo in gobe. Pokrijte in

dušite 4 ure oziroma dokler se piščanec ne zmehča in se omaka zgosti. Zmešajte grah. Primešamo mešanico za kuhanje in čebulo. Mešajte mleko, dokler se ne navlaži. Z okroglo žlico testa prelijemo mešanico piščanca in zelenjave. Pokrijte in kuhajte na močnem ognju 45 do 50 minut oziroma dokler zobotrebec, ki ga zapičite v sredino mesnih kroglic, ne izstopi čist.
2. Takoj postrezite 4 porcije.

Piščanec v počasnem kuhanju s sirno omako Lilly

VSEBINA

- 6 piščančjih prsi brez kosti in kože
- 2 škatli piščančje kremne juhe
- 1 škatla sirove juhe
- sol, poper, česen v prahu po okusu

PRIPRAVA

1. Piščančje prsi potresemo s česnom v prahu, soljo in poprom.
2. V počasni kuhalnik položite 3 piščančje prsi. Združite vse juhe; Prve 3 piščančje prsi prelijemo s polovico juhe.
3. Na vrh položite preostale 3 piščančje prsi. Na vrh prelijemo preostalo juho.
4. Pokrijte in kuhajte pri nizki temperaturi 6 do 8 ur.

Piščančje prsi na mehiški način

VSEBINA

- 2 žlici rastlinskega olja

- 3 do 4 polovice piščančjih prsi brez kosti in kože, narezane na 1-palčne kose

- 1/2 skodelice sesekljane čebule

- 1 zelena paprika (ali uporabite rdečo)

- 1 do 2 majhni papriki jalapeno, drobno narezani

- 3 stroki česna, sesekljani

- 1 pločevinka (4 unče) blagega čilija, sesekljanega

- 1 pločevinka (14 1/2 unč) mehiško narezanega čilija ali praženega paradižnika

- 1 čajna žlička posušenih listov timijana

- 1/4 žličke mlete kumine

- nariban mehiški mešani sir

- Salsa

-

Dodatni okraski

- Kisla smetana

- Guacamole

- narezana mlada čebula

- sesekljan paradižnik

- sesekljana solata

- narezane zrele olive

- koriander

PRIPRAVA
1. V veliki ponvi na srednjem ognju segrejte olje. Rjave piščančje prsi. Vzemi ven in izprazni.
2. V isti ponvi prepražimo čebulo, zeleno papriko, česen in jalapeno poper do mehkega.
3. Mešanico piščančjih prsi in čebule položite v počasni kuhalnik.
4. Dodajte blag čili, paradižnik, origano in kumino v počasni kuhalnik; premešajte, da se združi.
5. Pokrijte in kuhajte 6 do 8 ur na NIZKI (3 do 4 ure na VISOKI).
6. Postrezite s toplimi tortiljami iz moke, naribanim sirom in salso, skupaj z vašimi najljubšimi prelivi in začimbami.
7. Guacamole ali kisla smetana je dobra priloga z narezano mlado čebulo ali na kocke narezanim paradižnikom.

Paulin piščanec s porom

VSEBINA

- 3 do 4 kg kosov piščanca s kostmi
- 4 do 6 krompirjev, narezanih na 1/4-palčne debele rezine
- 1 zavitek porove jušne mešanice
- 1 tanko narezan por ali 4 narezane zelene čebule
- 1/2 do 1 kozarec vode
- Rdeča paprika
- Začimbe •

PRIPRAVA

1. Krompir položite na dno lonca/počasnega kuhalnika, na vrh položite čebulo ali por, nato dodajte piščanca. (Če boste dodali več plasti piščanca, soli in popra, dodajte spodnje plasti. Zgornje plasti še ne začinite.) Porovo juho zmešajte s približno 1/2 skodelice vode; prelijte jih. Zgornjo plast piščanca začinimo. Na tej točki potresem še papriko, da dobi barvo.

• Po želji začinimo s sesekljanim česnom in malo svežega rožmarina.

Kuhajte na majhnem ognju 6 do 7 ur, po potrebi dolijte še vodo.

Cheeky Jack Daniel's piščančji bedri na žaru

VSEBINA

- 5 do 6 kilogramov piščančjih krač
- 1 skodelica večnamenske moke
- 1 čajna žlička soli
- 1/2 čajne žličke mletega črnega popra
-

BBQ omaka

- 1 1/2 skodelice kečapa
- 4 žlice masla
- 1/2 skodelice Jack Danielsa ali drugega kakovostnega viskija
- 5 žlic rjavega sladkorja
- 3 žlice melase
- 3 žlice jabolčnega kisa
- 2 žlici Worcestershire omake
- 1 žlica sojine omake
- 4 žličke dijonske gorčice ali gurmanske gorčice
- 2 žlički tekočega dima
- 1 1/2 žličke čebule v prahu
- 1 čajna žlička česna v prahu
- Neobvezno, 1 žlica sriracha ali več (lahko nadomestite približno 1 čajno žličko kajenskega popra)

- 1/2 čajne žličke mletega črnega popra

PRIPRAVA
1. Obložite 2 obrobljena pekača s folijo; Popršite s pršilom za kuhanje proti prijemanju. Pečico segrejte na 425 stopinj.
2. Dražeje zmešajte z mešanico moke, 1 čajno žličko soli in 1/2 čajne žličke popra.
3. Položimo na pekače in pečemo 20 minut. Bobne obrnite in vrnite v pečico. Pečemo še 20 minut oziroma toliko časa, da lepo porjavi.
4. Medtem postavite sestavine za omako v srednje veliko ponev; Dobro premešamo in pustimo vreti na zmernem ognju.

5. Ogenj zmanjšamo in kuhamo 5 minut.
6. Bedra prenesite v skledo ali počasni kuhalnik (če jih boste hranili na toplem za eno serijo). Prelijemo s približno polovico omake za žar. Postrezite takoj z omako ali zavrtite počasni štedilnik na NIZKO, da ostane toplo. Če je ne postrežete takoj, preostalo omako ohladite do serviranja.
7. Bedra postrezite vroča z omako za pomakanje. Pri roki imejte veliko prtičkov.
8. Po tem receptu dobite približno 3 ducate kosov, kar zadostuje za 6-8 oseb kot predjed.

Sherri's piščanec in cmoki

VSEBINA

- 4 polovice piščančjih prsi
- 2 pločevinki piščančje juhe (3 1/2 skodelice)
- 1 kozarec vode
- 3 kocke piščančje juhe ali primerne osnove ali zrnc
- 1 manjši korenček, sesekljan
- 1 manjše rebro zelene, sesekljano
- 1/2 skodelice sesekljane čebule
-
12 velikih tortilj iz moke

PRIPRAVA

1. Vse sestavine razen tortilje zmešajte v počasnem kuhalniku. Na majhnem ognju kuhamo 8 do 10 ur. Piščanca odstranimo in ločimo meso od kosti, nato

pa juho v večji posodi pristavimo na kuhalnik. Piščanca narežemo na grižljaje in vrnemo v juho na štedilnik. Pustimo, da rahlo vre.
2. Kruh prerežite na pol in nato na 1-palčne trakove. Trakove položite v vrelo juho in med občasnim mešanjem rahlo kuhajte 15 do 20 minut. Juha se mora zgostiti, če pa je preredka, zmešajte 1 žlico koruznega škroba z toliko vode, da se raztopi, in vmešajte v juho.
3. Kuhajte še 5 do 10 minut.
4. za 4 osebe.

Preprost piščančji žar v počasnem kuhanju

VSEBINA

-
- 3 polovice piščančjih prsi brez kosti
- 1 1/2 skodelice pikantne omake za žar po vaši izbiri in več za serviranje
- 1 srednja čebula, narezana ali sesekljana
- ocvrte žemlje
-
- zeljna solata, za serviranje

PRIPRAVA

1. Piščančje prsi operemo in osušimo. Postavite v počasen kuhalnik z 1 1/2 skodelice omake za žar in čebulo. Premešajte, da prekrijete piščanca. Pokrijte in kuhajte na VISOKI 3 ure.
2. Piščančje prsi odstranite na krožnik in jih sesekljajte ali natrgajte. Narezan piščanec vrnite v omako v počasnem kuhalniku; premešajte, da se združi. Pokrijte in kuhajte še 10 minut.
3. Postrezite narezanega piščanca na popečenih žemljicah z zeljno solato in dodatno žar omako.
4. Namenjena je 4 do 6 osebam.

Piščanec Dijon v počasnem kuhanju

VSEBINA

- 1 do 2 funta mehkih piščančjih prsi
- 1 pločevinka kondenzirane smetane piščančje juhe, nerazredčena (10 1/2 unč)
- 2 žlici navadne ali zrnate dijonske gorčice
- 1 žlica koruznega škroba
- 1/2 kozarca vode
- poper po okusu
- 1 čajna žlička posušenih listov peteršilja ali 1 žlica sveže sesekljanega peteršilja

PRIPRAVA

1. Piščanca operemo in osušimo; dajte v počasni kuhalnik. Združite juho z gorčico in koruznim škrobom; Dodamo vodo in premešamo. Vmešamo peteršilj in poper. Mešanico prelijemo čez piščanca. Pokrijte in kuhajte pri nizki temperaturi 6 do 7 ur. Postrežemo z vročim kuhanim rižem in zelenjavno prilogo.
2. Piščanec Dijon recept za 4 do 6 oseb.

Piščanec na žaru v počasnem kuhanju

VSEBINA

- 3 do 4 kilograme kosov piščanca
- 1 velika čebula, grobo sesekljana
- 1 steklenica omake za žar

PRIPRAVA

1. Piščanca položite na dno počasnega kuhalnika ali lonca ter dodajte čebulo in omako za žar. Kuhajte na NIZKI približno 6 do 8 ur ali dokler se piščanec ne zmehča, vendar ne razpade.
2. Namenjena je 4 do 6 osebam.

Piščančji zabatak na žaru v počasnem pečenju

VSEBINA

- 1/2 skodelice moke

- 1/2 čajne žličke česna v prahu

- 1 čajna žlička suhe gorčice

- 1 čajna žlička soli

- 1/4 čajne žličke popra

- 8 piščančjih krač

- 2 žlici rastlinskega olja

- 1 skodelica goste omake za žar

PRIPRAVA
1. V vrečko za shranjevanje hrane dajte moko, česen v prahu, gorčico, sol in poper. Dodajte nekaj kosov piščanca naenkrat in pretresite, da se dobro prekrije. V veliki ponvi segrejte olje; Dodamo piščanca in ga popečemo z vseh strani. V lonec

damo polovico omake za žar; Dodajte piščanca in dodajte preostalo omako. Kuhajte 6 do 7 ur oziroma dokler se piščanec ne zmehča in se iz njega izcedi sok.
2. Namenjena je 4 do 6 osebam.

Omaka za testenine s piščancem in klobasami v počasnem kuhanju

VSEBINA

- 1 žlica oljčnega olja
- 4 stroke strtega česna
- 1/2 skodelice sesekljane čebule
- 1 rdeča paprika, sesekljana
- 1 zelena paprika, sesekljana
- 1 manjša bučka, sesekljana
- 1 pločevinka (4 unče) gob
- 1 pločevinka paradižnika, italijansko začinjena
- 1 pločevinka (6 unč) paradižnikove paste
- 3 členi sladke italijanske klobase
- 4 piščančje prsi brez kosti, narezane na trakove
- 1 čajna žlička italijanskih začimb•
- kosmiči rdeče paprike po želji

PRIPRAVA

1. V ponvi segrejemo olje. Čebulo in česen prepražimo do svetlo rjave barve. Poberi.
2. Dodajte klobaso; povsod rjava. Dodajte piščanca in kuhajte do zlato rjave barve. Odcedite odvečno olje. Klobase narežite na 1-palčne kose. Vse preostale

sestavine zmešajte v počasnem kuhalniku s čebulo in česnom. Dodajte klobase, nato piščančje trakove. Pokrijte in kuhajte pri nizki temperaturi 4 do 6 ur, dokler piščanec ni mehak in suh.
3. To okusno omako postrezite čez vroče kuhane testenine.
4. za 4 osebe.

Piščančji curry v počasnem kuhanju

VSEBINA

- 2 celi piščančji prsi, izkoščeni in narezani
- 1 škatla kremne piščančje juhe
- 1/4 skodelice suhega šerija
- 2 žlici. maslo ali margarina
- 2 glavici mlade čebule, drobno sesekljani
- 1/4 žličke. curry v prahu
- 1 čajna žlička. sol
- Ščepec popra
-

vroč kuhan riž

PRIPRAVA

1. Piščanca položite v pekač, odporen na pečico. Dodajte vse preostale sestavine razen riža. Pokrijte in kuhajte na nizki ali visoki temperaturi 2 do 3 ure 4 do 6 ur. Postrežemo z vročim rižem.

Piščančji curry v počasnem kuhanju z rižem

VSEBINA

- 4 piščančje prsi brez kosti in kože, narezane na trakove ali 1-palčne kose
- 2 veliki čebuli narezani na četrtine in na tanke rezine
- 3 stroki česna, sesekljani
- 1 žlica sojine omake ali tamarija
- 1 čajna žlička Madras karija
- 2 žlički paprike
- 1 čajna žlička kurkume
- 1 čajna žlička mletega ingverja
- 1/3 skodelice piščančje juhe ali vode
- sol in sveže mlet črni poper po okusu
- vroč kuhan riž

PRIPRAVA

1. Vse sestavine razen riža zmešajte v počasnem kuhalniku ali loncu.
2. Pokrijte in kuhajte 6 do 8 ur ali dokler se piščanec ne zmehča.
3. Okusite in po potrebi začinite s soljo in poprom.

4. Postrezite z rižem ali rezanci

Piščančje enchilade v počasnem kuhanju

VSEBINA

-
- 3 skodelice narezanega kuhanega piščanca
- 3 skodelice naribanega mehiškega poprovega sira, razdeljeno
- 1 pločevinka (4,5 unč) sesekljanega zelenega čilija
- 1/4 skodelice sesekljanega svežega koriandra
- 1 1/2 skodelice kisle smetane, razdeljeno
- 8 tortilj iz moke (8 palcev)
- 1 skodelica paradižnikove salse
- Priporočeni okraski: na kocke narezan paradižnik, narezana kapesota, zrele olive, jalapeño kolobarji, sesekljan svež koriander

PRIPRAVA
1. 4 do 6-litrski počasen kuhalnik rahlo naoljite.

2. V skledi zmešajte na kocke narezanega piščanca z 2 skodelicama naribanega sira, sesekljanim zelenim čilijem, 1/4 skodelice sesekljanega cilantra in 1/2 skodelice kisle smetane; Mešajte, da se sestavine povežejo.
3. Nekaj piščančje mešanice položite na sredino kruha in mešanico enakomerno porazdelite med vseh osem štruc. Zvijte jih in jih s šivi navzdol položite v pripravljen kuhalnik.
4. Po potrebi zložimo kruh.
5. V majhni skledi zmešajte salso s preostalo 1 skodelico kisle smetane. Z mešanico namažemo tortilje.
6. Pokrijte in kuhajte pri nizki temperaturi 4 ure. Na tortilje potresemo preostali nariban sir. Pokrijte in kuhajte na NIZKI nadaljnjih 20 do 30 minut.
7. Namenjena je 4 do 6 osebam.

Piščančji frikase v počasnem kuhanju z zelenjavo

VSEBINA

- 4 do 6 polovic piščančjih prsi brez kosti in kože
- poper in sol po okusu
- 2 žlici masla
- 2 stroka česna, sesekljana
- 3 žlice večnamenske moke
- 2 skodelici piščančje juhe z nizko vsebnostjo natrija
- 1 čajna žlička posušenega timijana
- 1/2 čajne žličke suhih pehtranovih listov
- 3 do 4 korenčki, narezani na 2-palčne kose
- 2 čebuli, prepolovljeni, debeleje narezani
- 2 večja pora, samo beli del operemo in nasekljamo
- 1 lovorjev list
- 1/2 skodelice polpripravljene ali svetle smetane
-
1 1/2 skodelice zamrznjenega graha, odmrznjenega

PRIPRAVA
1. Piščančje prsi operemo in osušimo. Pustite na stran. Na maslu eno minuto pražimo sesekljan česen, nato dodamo moko in med mešanjem

kuhamo toliko časa, da zmes postane gladka. Prilijemo juho (namesto juhe lahko uporabimo 1/4 skodelice suhega belega vina ali šerija), timijan in pehtran ter mešamo, dokler se ne zgosti. V ponev položite čebulo, korenček, piščanca in nato por; Vse prelijemo z omako. Dodajte lovorov list. Pokrijte in kuhajte na NIZKI 6 do 7 ur ali na VISOKEM 3 do 5 ur.
2. Če kuhate na nizki temperaturi, spremenite na visoko in vmešajte polovico odmrznjenega graha. Pokrijte in na močnem ognju kuhajte še 15 minut oziroma dokler se grah ne segreje. Okusite in prilagodite začimbe. Pred serviranjem odstranite lovorjev list.
3. Namenjena je 4 do 6 osebam.

Počasi kuhan piščanec s pikantno omako

VSEBINA

- 1/2 c. paradižnikov sok
- 1/2 c. sojina omaka
- 1/2 c. rjavi sladkor
- 1/4 c. kokošja juha
- 3 stroki česna, sesekljani
- Kosi piščanca 3 do 4 kilograme brez kože

PRIPRAVA

1. Vse sestavine razen piščanca zmešajte v globoki skledi. Vsak kos piščanca potopite v omako. Postavite v počasni kuhalnik. Na vrh prelijemo preostalo omako. Kuhajte na nizki temperaturi 6 do 8 ur ali na visoki temperaturi 3 do 4 ure.
2. Za 6 obrokov.

Piščanec Madras v počasnem kuhanju s karijem v prahu

VSEBINA

- 3 čebule narezane na tanke rezine
- 4 jabolka, olupljena, razkoščičena in na tanke rezine narezana
- 1 čajna žlička soli
- 1 do 2 žlički karija ali po okusu
- 1 pečen piščanec, sesekljan
- Rdeča paprika

PRIPRAVA

1. V loncu združite čebulo in jabolka; Potresemo s soljo in karijem. Dobro premešaj. Piščančjo kožo položite na mešanico čebule. Obilno potresemo s papriko.
2. Pokrijte in kuhajte pri nizki temperaturi 6 do 8 ur, dokler se piščanec ne zmehča.
3. Okusite in po potrebi dodajte še začimbe.
4. za 4 osebe.

Piščanec z gobami v počasnem kuhanju

VSEBINA

- 6 kosov piščančjih prsi s kostmi, brez kože
- 1 1/4 čajne žličke soli
- 1/4 čajne žličke popra
- 1/4 čajne žličke rdeče paprike
- 1 3/4 čajne žličke juhe ali piščančje juhe z okusom piščanca
- 1 1/2 skodelice narezanih svežih gob
- 1/2 skodelice zelene čebule, narezane na rezine
- 1/2 kozarca suhega belega vina
- 1/2 skodelice evaporiranega mleka
- 5 žličk koruznega škroba
- sveže sesekljan peteršilj

PRIPRAVA

1. Piščanca operemo in osušimo. V skledi zmešajte sol, poper in kajenski pekoč okus. Celotno mešanico natrite čez piščanca. V počasen kuhalnik izmenično polagajte piščanca, osnovo v zrnju ali listih, gobe in mlado čebulo. Počasi prilivamo vino. Ne mešajte sestavin. Pokrijte in kuhajte pri visoki temperaturi 2 1/2 do 3 ure ali pri nizki

temperaturi 5 do 6 ur ali dokler piščanec ni mehak, vendar ne razpade.
2. Piščanca in zelenjavo odstranite na krožnik ali servirno skledo z žlico z režami. Pokrijte s folijo in piščanca hranite na toplem. V majhni ponvi zmešajte evaporirano mleko in koruzni škrob ter mešajte, dokler zmes ni gladka. Počasi vmešajte 2 skodelici tekočine za kuhanje. Na srednjem ognju in med mešanjem zavremo; Nadaljujte s kuhanjem 1 minuto ali dokler se ne zgosti. Z delom omake prelijemo piščanca in po želji okrasimo s peteršiljem. Po želji postrežemo z vročim kuhanim rižem ali rezanci.

Počasni štedilnik Cordon Bleu

VSEBINA

- 6 polovic piščančjih prsi brez kosti in kože - pretlačite, da se malo sploščijo
- 6 tankih rezin šunke
- 6 tankih rezin švicarskega sira
- 1/4 do 1/2 skodelice moke za oblaganje
- 1/2 funta narezanih gob
- 1/2 skodelice piščančje juhe
- 1/2 skodelice suhega belega vina (ali uporabite piščančjo osnovo)
- 1/2 čajne žličke zdrobljenega rožmarina
- 1/4 skodelice naribanega parmezana
- Zmešajte 2 čajni žlički koruznega škroba z 1 žlico hladne vode
- poper in sol po okusu

PRIPRAVA

1. Na vsako sploščeno piščančjo prso položite rezino šunke in rezino sira ter zvijte. Pričvrstite z zobotrebci in vsakega povaljajte v moki za oblaganje. V počasni kuhalnik položite gobe, nato pa piščančje prsi. Vmešajte juho, vino (če

uporabljate) in rožmarin; Prelijemo čez piščanca. Potresemo s parmezanom. Pokrito kuhamo na majhnem ognju 6 do 7 ur. Odstranite piščanca tik pred serviranjem; obdrži toplo.
2. Mešanico koruznega škroba dodajte sokovom v počasnem kuhalniku; mešamo dokler se ne zgosti. Začinite s soljo in poprom, nato okusite in prilagodite začimbe. Piščančje zvitke prelijemo z omako in postrežemo.
3. Storitev 6.

Piščanec Dijon v počasnem kuhalniku
VSEBINA

-
4 polovice piščančjih prsi brez kosti

-
1 žlica medene dijonske gorčice

- sol in grobo mlet črni poper ali pikantni poper

- 2 paketa (po 8 unč) mlade špinače ali 1 funt opranih in posušenih svežih listov špinače

- 2 žlici masla narežemo na majhne koščke

- po želji sesekljan svež koriander ali peteršilj

-
po želji rezine praženih mandljev •

PRIPRAVA
1. Namastite kuhalnik za počasno kuhanje ali ga popršite s pršilom za kuhanje proti prijemanju.
2. Piščančje prsi operemo in osušimo.
3. Piščanca natrite z medeno gorčico; potresemo s soljo in poprom.
4. Piščančje prsi položite v počasen kuhalnik. Na vrh položimo špinačo.
5. Če je vaš kuhalnik premajhen za vso špinačo, jo na kratko poparite in dodajte ovenele liste špinače.

6. Špinačo premažite z maslom in potresite z več soli in popra.
7.
8. Preden postrežemo, okrasimo s koriandrom ali peteršiljem ali po želji potresemo s praženimi mandlji.
9. Pokrijte in kuhajte pri nizki temperaturi 5 do 6 ur.

• Mandlje popečemo tako, da jih dodamo v suho ponev na zmernem ognju. Med nenehnim mešanjem kuhajte, dokler rahlo ne porjavi in postane aromatično.

Piščanec z limono v počasnem kuhanju

VSEBINA

- 1 brojler, narezan na kocke ali približno 3 1/2 kg kosov piščanca

- 1 čajna žlička zdrobljenih suhih listov timijana

- 2 stroka česna, sesekljana

- 2 žlici masla

- 1/4 skodelice suhega vina, šerija, piščančje juhe ali vode

- 3 žlice limoninega soka

- Sol in poper

PRIPRAVA

1. Kose piščanca solimo in popramo. Po piščancu potresemo polovico česna in timijan.

2. V ponvi na zmernem ognju raztopimo maslo in popečemo piščanca.
3. Piščanca prestavimo v posodo, odporno na pečico. Potresemo s preostalim timijanom in česnom. Dodajte vino ali šeri v ponev za dušenje in premešajte, da se zrahljajo porjaveli koščki; Nalijte v počasen kuhalnik.
4. Pokrijte in kuhajte na NIZKI (200°) 7 do 8 ur. V zadnji uri dodajte limonin sok.
5. Odstranite olja iz sokov in prelijte v servirno skledo; po želji sokove zgostimo.
6. Postrezite s piščančjo osnovo.
7. za 4 osebe.

Počasi kuhan piščanec
VSEBINA

- 1 žlica masla
- 1 skodelica sesekljane čebule
- 1/2 čajne žličke mletega česna
- 1 1/2 skodelice paradižnikovega kečapa
- 1/2 skodelice marelične ali breskove marmelade
- 3 žlice jabolčnega kisa
- 2 žlici Worcestershire omake
- 2 žlički tekočega dima
- 2 žlici melase
- naribamo piment
- 1/4 čajne žličke sveže mletega črnega popra
- 1/8 do 1/4 čajne žličke mletega kajenskega popra
- 1 kg piščančjih prsi brez kosti
- 1 funt piščančjih krač brez kosti

PRIPRAVA
1. V srednje visoki ponvi na zmernem ognju raztopimo maslo. Ko se maslo stopi, dodamo sesekljano čebulo in med mešanjem pražimo toliko časa, da se čebula zmehča in rahlo zapeče. Dodamo sesekljan česen in med mešanjem kuhamo še približno 1 minuto. Dodajte kečap, marelično marmelado, kis, Worcestershire omako, tekoči dim, melaso, piment, črni poper in papriko. Pustite vreti 5 minut.
2. Postavite 1 1/2 skodelice omake v počasni kuhalnik.
3. Preostalo omako prihranite; damo v posodo in ohladimo do serviranja. Dodajte koščke piščanca v počasni kuhalnik. Pokrijte in kuhajte pri NIZKI 4 1/2 do 5 ur ali dokler piščanec ni mehak in zlahka razpade. Kose piščanca raztrgajte z vilicami.
4. Postrezite na razkosanih popečenih žemljicah z zeljno solato in dodatno omako za žar.
5. Na jedilniku je tudi krompirjeva solata ali pečen krompir s pečenim fižolom, narezanimi kumaricami in paradižnikom. Rada imam zeljno solato in kisle kumarice na žaru, drugi dodatki pa lahko vključujejo kolobarje paprike jalapeno, na tanke rezine narezano rdečo čebulo, navadno narezano zelje in narezane paradižnike ali kumare.
6. 8 oseb.

Prekajena klobasa in zelje

VSEBINA

- 1 manjša glava zelja, grobo narezana
- 1 velika čebula, grobo sesekljana
- 1 do 2 funta puranje polpete ali prekajene klobase kielbasa, narezane na 1- do 2-palčne kose
- 1 kozarec jabolčnega soka
- 1 žlica dijonske gorčice
- 1 žlica jabolčnega kisa
- 1 do 2 žlici rjavega sladkorja
- 1 čajna žlička kuminih semen, po želji
- poper po okusu

PRIPRAVA

1. Postavite zelje, čebulo in klobaso v 5- ali 6-litrski počasen kuhalnik (če želite narediti 3 1/2-litrski

lonec, uporabite manj zelja ali ga dušite približno 10 minut, nato odcedite in dodajte). Če uporabljate, zmešajte sok, gorčico, kis, rjavi sladkor in semena kumine; Prelijte sestavine za počasen kuhalnik. Po okusu potresemo s poprom. Pokrijte in na majhnem ognju kuhajte 8 do 10 ur. Po želji postrezite s krompirjem in zeleno solato.

Piščanec s španskim rižem

VSEBINA
- 4 polovice piščančjih prsi brez kože
- 1/4 čajne žličke soli
- 1/4 čajne žličke popra
- 1/4 čajne žličke rdeče paprike
- 1 žlica rastlinskega olja
- 1 srednja čebula, sesekljana
- 1 manjša rdeča paprika, sesekljana (ali sesekljana pečena rdeča paprika)
- 3 stroki česna, sesekljani
- 1/2 čajne žličke suhega rožmarina
- 1 pločevinka (14 1/2 oz) zdrobljenih paradižnikov
- 1 paket (10 oz) zamrznjenega graha

PRIPRAVA
1. Piščanca začinimo s soljo, poprom in papriko. V ponvi segrejemo olje in na zmernem ognju popečemo piščanca z vseh strani. Piščanca prenesite v počasen kuhalnik.
2. Zmešajte preostale sestavine razen zamrznjenega graha v majhni skledi. Prelijemo čez piščanca.

Pokrijte in kuhajte 7 do 9 ur pri nizki temperaturi ali 3 do 4 ure pri visoki temperaturi. Uro pred serviranjem sperite grah v cedilu pod toplo vodo in ga dodajte v lonec. To piščančjo jed postrezite z vročim kuhanim rižem.

Tamine piščančje krače na žaru

VSEBINA

- 6 do 8 zamrznjenih piščančjih beder

- 1 steklenica goste omake za žar

PRIPRAVA
1. Zamrznjene piščančje bedre položite v počasni kuhalnik. Prelijemo jih z žar omako. Pokrijte in kuhajte na VISOKI 6 do 8 ur.
2. • Opomba: če začnete z odmrznjenim piščančjim stegnom, lahko najprej odstranite kožo ali ga popečete in kuhate 6 do 8 ur na NIZKI, da zmanjšate maščobo.

Tamino dušena piščančja mocarela

VSEBINA

- 4 piščančje noge
- 2 žlici začimb, česen, poper
- 1 škatlica bučk v paradižnikovi omaki
- 4 unče naribanega sira Mozzarella

PRIPRAVA

1. Piščanca položite v počasni kuhalnik in potresite z začimbami. Čez piščanca prelijemo bučke s paradižnikovo omako. Pokrijte in kuhajte pri nizki temperaturi 6 do 8 ur. Potresemo s sirom in pečemo, dokler se sir ne stopi, približno 30 minut.

Piščančje meso z belim poprom

VSEBINA

- 4 polovice piščančjih prsi brez kosti in kože, narezane na 1/2-palčne kose
- 1/2 skodelice sesekljane zelene
- 1/2 skodelice sesekljane čebule
- 2 pločevinki (po 14,5 unč) dušenih paradižnikov, narezanih
- 16 oz. med. salsa ali picante omaka
- 1 pločevinka čičerike ali odcejenega fižola
- 6 do 8 oz. narezane gobe
- Olivno olje

PRIPRAVA

1. Rjav piščanec na 1 žlici olivnega olja. Zeleno, čebulo in gobe sesekljamo. Združite vse sestavine v velikem počasnem kuhalniku; premešamo in kuhamo na majhnem ognju 6-8 ur. Postrezite s hrustljavim kruhom ali taco čipsom. • Če imate radi pekoče, uporabite pekočo salso ali omako picante.

Piščanec in črni fižol v počasnem kuhanju

VSEBINA

- 3 do 4 piščančje prsi brez kosti, narezane na trakove
- 1 pločevinka (12 do 15 unč) odcejene koruze
- 1 pločevinka (15 oz) črnega fižola, opranega in odcejenega
- 2 žlički kumine
- 2 žlički paprike
- 1 čebulo, prepolovljeno in na tanko narezano
- 1 na trakove narezana zelena paprika
- 1 pločevinka (14,5 unč) na kocke narezanega paradižnika
- 1 pločevinka (6 unč) paradižnikove paste

PRIPRAVA

1. Vse sestavine zmešajte v počasnem kuhalniku. Pokrito kuhamo na majhnem ognju 5 do 6 ur.
2. Po želji okrasite z naribanim cheddar sirom. Postrezite fiesta piščanca in črni fižol s toplimi tortiljami iz moke ali čez riž.
3. za 4 osebe.

Piščanec in omaka, počasni kuhalnik

VSEBINA

- 1 vrečka začinjene mešanice za nadev, 14 do 16 unč
- 3 do 4 skodelice kuhanega piščanca, narezanega na kocke
- 3 škatle piščančje kremne juhe
- 1/2 skodelice mleka
- 1 do 2 skodelici naribanega cheddar sira

PRIPRAVA

1. Mešanico za nadev pripravimo po navodilih na embalaži in jo damo v 5-litrsko posodo. Zmešajte 2 pločevinki kremne piščančje juhe. V posodi za mešanje zmešajte na kocke narezano piščančje meso, 1 pločevinko piščančje kremne juhe in mleko. Razporedite po nadevu v počasnem kuhalniku. Nanjo potresemo sir. Pokrijte in kuhajte na nizki temperaturi 4 do 6 ur ali na visoki temperaturi 2 do 3 ure.
2. Namenjena je 6 do 8 osebam.

Piščanec in gobe, počasen kuhalnik

VSEBINA

- 6 polovic piščančjih prsi, s kostmi, brez kože
- 1 1/4 žličke. sol
- 1/4 žličke. poper
- 1/4 žličke. rdeča paprika
- 2 žlički zrnc piščančje juhe
- 1 1/2 skodelice narezanih gob
- 1/2 skodelice narezane čebele
- 1/2 kozarca suhega belega vina
- 2/3 skodelice evaporiranega mleka
- 5 žličk. koruzni škrob
- Sesekljan svež peteršilj
-

vroč kuhan riž

PRIPRAVA

1. V majhni skledi zmešajte sol, poper in papriko. Celotno mešanico vtrite v piščanca.
2. V počasen štedilnik izmenično polagajte piščanca, bujonske kocke, gobe in mlado čebulo. Zalijemo z vinom. NE ZAMEŠAJ.

3. Pokrijte in kuhajte NA VISOKEM 2 1/2 do 3 ure ali NA NIZKEM 5 do 6 ur ali dokler piščanec ni mehak, a odpade od kosti. Če se le da, enega namažemo približno na polovici pečenja.
4. Piščanca in zelenjavo odstranite z žlico z režami na krožnik.
5. Pokrijemo s folijo in pustimo na toplem.
6. V majhni ponvi zmešajte evaporirano mleko in koruzni škrob do gladkega. Počasi vmešajte 2 skodelici tekočine za kuhanje. Med mešanjem zavremo na zmernem ognju in kuhamo 1 do 2 minuti ali dokler se ne zgosti.
7. Z delom omake prelijemo piščanca in okrasimo s sesekljanim peteršiljem. Zraven postrezite preostalo omako.
8. Postrežemo z vročim kuhanim rižem.

Piščanec in parmezanski riž, počasno kuhanje
VSEBINA
- 1 ovojnica mešanice čebulne juhe
- 1 pločevinka (10 3/4 unč) kondenzirane kremne gobove juhe z zmanjšano vsebnostjo maščob
- 1 pločevinka (10 3/4 unč) kondenzirane smetane piščančje juhe, zmanjšana vsebnost maščobe
- 1 1/2 skodelice nemastnega ali posnetega mleka
- 1 kozarec suhega belega vina
- 1 kozarec belega riža
- 6 piščančjih prsi brez kosti in kože
- 2 žlici masla
- 2/3 skodelice naribanega parmezana

PRIPRAVA
1. Zmešajte čebulno juho, kondenzirano kremno juho, mleko, vino in riž. Spray Crock Pot w/pam. V pekač položimo piščančje prsi, jih pokapamo z 1 žličko masla, vse skupaj prelijemo z jušno mešanico, nato potresemo s parmezanom. Kuhajte 8 do 10 ur na nizki temperaturi ali 4 do 6 ur na visoki temperaturi. Storitev 6.

Piščanec in kozice

VSEBINA

- 2 kg piščanca, krač brez kosti in prsi, očiščene kože, narezane na kose
- 2 žlici ekstra deviškega oljčnega olja
- 1 skodelica sesekljane čebule
- 2 stroka česna, sesekljana
- 1/4 skodelice sesekljanega peteršilja
- 1/2 kozarca belega vina
- 1 velika pločevinka (15 unč) paradižnikove omake
- 1 čajna žlička posušene bazilike
- 1 funt nekuhanih kozic, olupljenih in očiščenih
- sol in sveže mlet črni poper po okusu
- 1 funt fettuccina, linguina ali špagetov

PRIPRAVA

1. V veliki ponvi ali ponvi na srednje močnem ognju segrejte olivno olje. Dodajte koščke piščanca in med mešanjem kuhajte, dokler rahlo ne porjavijo. Odstranite piščanca v počasen kuhalnik.
2. V ponev dodamo še malo olja in na njem približno 1 minuto pražimo čebulo, česen in peteršilj.

Odstavite z ognja in vmešajte vino, paradižnikovo omako in posušeno baziliko. Z mešanico prelijemo piščanca v počasnem kuhalniku.
3. Pokrijte in kuhajte pri nizki temperaturi 4 do 5 ur.
4. Stresemo v kozico, pokrijemo in kuhamo na NIZKI še približno 1 uro.
5. Začinite s soljo in sveže mletim črnim poprom.
6. Testenine tik pred kuhanjem skuhamo v vreli slani vodi po navodilih na embalaži.

Piščanec in polnjen recept

VSEBINA

- 4 piščančje prsi brez kosti in kože
- 4 rezine švicarskega sira
- 1 pločevinka (10 1/2 unč) kondenzirane kremne piščančje juhe
- 1 pločevinka (10 1/2 unč) kondenzirane kremne gobove juhe
- 1 kozarec piščančje juhe
- 1/4 skodelice mleka
- 2 do 3 skodelice zeliščne mešanice za nadev Pepperidge Farm ali domače mešanice za nadev
- 1/2 skodelice stopljenega masla • Glej Sandy's Notes
- poper in sol po okusu

PRIPRAVA

1. Piščančje prsi solimo in popramo; Piščančje prsi položite v počasen kuhalnik.

2. Piščančje prsi prelijemo s piščančjo osnovo.

3. Na vsako prsi položite rezino švicarskega sira.

4. Združite obe pločevinki juhe in mleka. Z mešanico juhe prelijemo piščančje prsi.

5. Vse skupaj potresemo z mešanico za nadev. Prelijemo s stopljenim maslom.

6. Kuhajte na majhnem ognju 6-8 ur.

Piščančje prsi s kremno kreolsko omako

VSEBINA

- 1 šopek mlade čebule (6-8, z največ zelenimi deli)
- 2 rezini slanine
- 1 čajna žlička kreolske ali cajunske začimbe
- 3 žlice masla
- 4 žlice moke
- 3/4 skodelice piščančje juhe
- 1 do 2 žlici paradižnikove mezge
- 4 polovice piščančjih prsi brez kosti
- 1/4 do 1/2 skodelice pol-pol ali mleka

PRIPRAVA

1. V ponvi na srednje nizkem ognju stopite maslo. Dodamo čebulo in slanino, kuhamo in mešamo 2 minuti. Dodamo moko, premešamo in kuhamo še 2 minuti. dodajte piščančjo juho; Kuhajte dokler se ne zgosti in dodajte paradižnikovo mezgo. Piščančje prsi postavite v počasen kuhalnik/lonec;

Dodajte mešanico omake. Pokrito kuhamo na majhnem ognju 6 do 7 ur, po 3 urah premešamo. Mleko premešajte približno 20 do 30 minut, preden je končano. Postrezite s testeninami ali rižem.
2. za 4 osebe.

Piščančji čili s hominijem

VSEBINA

- 2 funta piščančjih prsi brez kosti in kože, narezanih na 1- do 1 1/2-palčne kose
- 1 srednja čebula, sesekljana
- 3 stroke česna narezane na tanke rezine
- 1 pločevinka (15 oz) belega hominina, odcejenega
- 1 pločevinka (14 oz) na kocke narezanega paradižnika, neodcejenega
- 1 pločevinka (28 oz) paradižnika, odcejenega in narezanega
- 1 pločevinka (4 oz) svetlo zelene paprike

PRIPRAVA

1. Vse sestavine zmešajte v počasnem kuhalniku; Premešamo, da se vse sestavine povežejo. Pokrijte in kuhajte pri nizki temperaturi 7 do 9 ur ali pri visoki temperaturi 4 do 4 1/2 ure.
2. Namenjena je 4 do 6 osebam.

piščanec je okusen

VSEBINA

- 6 do 8 polovic piščančjih prsi brez kosti in kože
- limonin sok
- poper in sol po okusu
- sol zelene ali začinjena sol po okusu
- paprika po okusu
- 1 škatla zelene kremne juhe
- 1 škatla kremne gobove juhe
- 1/3 kozarca suhega belega vina
- Parmezan naribamo po lastnem okusu
- Kuhan riž

PRIPRAVA

1. Izperite piščanca; posušite. Po okusu začinimo z limoninim sokom, soljo, poprom, soljo zelene in papriko. Piščanca postavite v počasen kuhalnik. V srednji skledi zmešajte juhe z vinom. Prelijemo čez piščančje prsi. Potresemo s parmezanom. Pokrijte in na majhnem ognju kuhajte 6 do 8 ur. Piščančjo

omako postrežemo k vročemu kuhanemu rižu in naribamo parmezan.
2. Namenjena je 4 do 6 osebam.

Piščančje enchilade v počasnem kuhanju

VSEBINA

- 1 paket. piščančja prsa (1 - 1 1/2 lbs)
- 1 kozarec piščančje omake
- 14 oz konzerviranega zelenega čilija, sesekljanega
- 1 sesekljana čebula
- Koruzni kruh
- Nariban sir

PRIPRAVA

1. V počasnem kuhalniku zmešajte piščanca, omako, zeleno papriko in sesekljano čebulo; Pokrijte in kuhajte pri nizki temperaturi 5 do 6 ur. Piščanca vzamemo iz omake in narežemo. Piščanca in omako prelijemo čez koruzni kruh. Po vrhu potresemo nariban sir in zvijemo. Položimo v pekač. Prelijemo z odvečno omako in potresemo še z naribanim sirom. Pečemo pri 350°C približno 15 do 20 minut.
2. Namenjena je 4 do 6 osebam.

Piščanec Las Vegas

VSEBINA

- 6 piščančjih prsi brez kosti in kože
- 1 škatla kremne gobove juhe
- 1/2 skodelice. kisla smetana
- 1 (6 oz.) kozarec posušene, mlete govedine

PRIPRAVA

1. Zmešamo juho, kislo smetano in suhomesnate izdelke. Piščanca povaljamo v mešanici, dobro premažemo; damo v ponev. Preostalo zmes prelijemo čez piščanca. Pokrijte in kuhajte pri nizki temperaturi 5 do 7 ur, dokler piščanec ni mehak, vendar ne suh. Postrežemo z vročim kuhanim rižem ali rezanci.
2. Storitev 6.

Piščanec Parisienne v počasnem kuhanju

VSEBINA

- 6 do 8 polovic piščančjih prsi
- sol, poper in paprika
- 1/2 kozarca suhega belega vina
- 1 (10 1/2 oz.) kremna gobova juha
- 8 unč narezanih gob
- 1 kozarec kisle smetane
- 1/4 skodelice moke

PRIPRAVA

1. Piščančje prsi potresemo s soljo, poprom in papriko. Postavite v počasni kuhalnik. Mešajte vino, juho in gobe, dokler se dobro ne premešajo. Prelijemo čez piščanca. Potresemo z rdečo papriko. Pokrijte in kuhajte 6 do 8 ur ali dokler piščanec ni mehak, vendar ne suh. Zmešajte kislo smetano in moko; Dodajte v enolončnico. Pecite še 20 minut, dokler se ne segreje.
2. Postrezite z rižem ali rezanci.
3. Namenjena je 6 do 8 osebam.

Piščančja Reuben enolončnica, počasen kuhalnik

VSEBINA

- 32 unč kislega zelja (kozarec ali vrečka), sperite in odcedite
- 1 skodelica ruske omake
- 4 do 6 polovic piščančjih prsi brez kosti in kože
- 1 žlica pripravljene gorčice
- 1 skodelica naribanega švicarskega sira ali Monterey Jack

PRIPRAVA

1. Polovico kislega zelja položimo na dno posode. Prelijte 1/3 skodelice omake; Na vrh položite 2 do 3 piščančje prsi in piščanca namažite z gorčico. Na vrh damo preostalo kislo zelje in piščančje prsi; Prelijemo še s 1/3 skodelice omake, preostalo 1/3 skodelice omake pa rezerviramo za serviranje.
2. Pokrijte in dušite približno 4 ure oziroma dokler piščanec ni kuhan in mehak. Potresemo s švicarskim sirom in pečemo, dokler se sir ne stopi.
3. Postrezite s pripravljeno omako.
4. Namenjena je 4 do 6 osebam.

Piščanec z brusnicami

VSEBINA

-
- 6 piščančjih prsi brez kože in kosti
-
- 1 majhna čebula sesekljana
-
- 1 skodelica svežih brusnic
-
- 1 čajna žlička soli
-
- 1/4 čajne žličke mletega cimeta
-
- 1/4 čajne žličke mletega ingverja
-
- 3 žlice rjavega sladkorja ali medu
-
- 1 kozarec pomarančnega soka
- 3 žlice moke zmešamo z 2 žlicama hladne vode

PRIPRAVA

1. Vse sestavine, razen mešanice moke in vode, postavite v počasen kuhalnik ali lonec. Pokrijte in kuhajte, dokler se piščanec ne zmehča, 6 do 7 ur. Zadnjih 15 do 20 minut dodamo mešanico moke in

pečemo, dokler se ne zgosti. Okusite in prilagodite začimbe.
2. za 4 osebe.

Piščanec z omako in omako, počasen kuhalnik

VSEBINA

• 1 paket (6 unč) začinjenih drobtin za nadev (mešanica za nadev na štedilniku)

• 1 večji krompir narezan na majhne kocke

• 1 šopek mlade čebule, sesekljan

• 2 rebri zelene, sesekljani

• 1/2 kozarca vode

• 3 žlice masla, razdeljeno

• 1 čajna žlička začimb za perutnino, razdeljena

• 1 do 1 1/2 funta piščančjih beder ali prsi brez kosti

• 1 kozarec (12 unč) piščančje omake, kot je Heinz Homestyle Chicken Gravy

PRIPRAVA

1. V rahlo naoljeni ali poškropljeni ponvi zmešajte na kocke narezan krompir, mlado čebulo, zeleno, 2 žlici stopljenega masla in 1/2 skodelice vode s prelivom iz drobtin. Potresemo s približno 1/2

čajne žličke začimb za perutnino. zgornji nadev s koščki piščanca; Pokapljamo s preostalim maslom in začimbami za perutnino. Z omako prelijemo piščanca. Pokrito kuhamo na majhnem ognju 6 do 7 ur.

Piščanec s testeninami in dimljenim sirom gauda

VSEBINA

- 1 1/2 kilograma piščanca brez kosti
- 2 majhni bučki, prepolovljeni in narezani na 1/8 palca debeline
- 1 paket mešanice piščančje omake (približno 1 oz.)
- 2 žlici vode
- poper in sol po okusu
- po možnosti ščepec sveže mletega muškatnega oreščka
- 8 unč dimljenega sira gauda, naribanega
- 2 žlici evaporiranega mleka ali svetle smetane
- 1 velik sesekljan paradižnik
- 4 skodelice kuhanih testenin ali testenin s školjkami

PRIPRAVA

1. Piščanca narežite na 1-palčne kocke; damo v ponev. Dodamo bučke, mešanico omake, vodo in začimbe. Pokrito kuhamo na majhnem ognju 5 do 6 ur. Zadnjih 20 minut oziroma med kuhanjem testenin dodamo v lonec dimljeno gavdo, mleko ali smetano in na kocke narezan paradižnik. V vročo zmes vmešamo kuhane testenine.

2. Recept s piščancem je za 4 osebe.

Piščanec z gobami z biserno čebulo, počasni kuhalnik

VSEBINA

- 4 do 6 polovic piščančjih prsi brez kosti, narezanih na 1-palčne kose
- 1 pločevinka (10 3/4 unč) piščančje kreme ali kremne piščančje in gobove juhe
- 8 unč narezanih gob
- 1 vrečka (16 unč) zamrznjene biserne čebule
- poper in sol po okusu
- sesekljan peteršilj za okras

PRIPRAVA

1. Piščanca operemo in osušimo. Narežite na približno 1/2- do 1-palčne kose in položite v veliko skledo. Dodajte juho, gobe in čebulo; premešajte, da se združi. Počasen kuhalnik poškropite s pršilom za kuhanje.
2. Piščančjo zmes vlijemo v posodo, odporno na pečico, ter jo začinimo s soljo in poprom.
3. Pustite vreti in kuhajte pri NIZKI 6 do 8 ur, po možnosti mešajte približno na polovici časa kuhanja.
4. Po želji okrasimo s sveže sesekljanim peteršiljem in postrežemo z vročim kuhanim rižem ali krompirjem.
5. Namenjena je 4 do 6 osebam.

Piščanec z ananasom

VSEBINA

- 1 do 1 1/2 funtov piščančjih mehčkov, narezanih na 1-palčne kose
- 2/3 skodelice ananasove marmelade
- 1 jušna žlica in 1 čajna žlička teriyaki omake
- Tanko narezana 2 stroka česna
- 1 žlica posušene sesekljane čebule (ali 1 šopek sveže mlade čebule, sesekljane)
- 1 žlica limoninega soka
- 1/2 čajne žličke mletega ingverja
- pekoča rdeča paprika po okusu
- 1 paket (10 oz) sladkornega graha, odmrznjenega

PRIPRAVA

1. Kose piščanca položite v počasni kuhalnik/lonec.
2. Zmešajte marmelado, teriyaki omako, česen, čebulo, limonin sok, ingver in papriko; dobro premešaj. Z žlico prelijte piščanca.

3. Pokrito kuhamo na majhnem ognju 6 do 7 ur. V zadnjih 30 minutah dodajte grah.
4. za 4 osebe.

Country Captain Chicken

VSEBINA

- 2 srednji jabolki Granny Smith, brez lupine in kock (neolupljeni)
- 1/4 skodelice drobno sesekljane čebule
- 1 manjša zelena paprika, očiščena in drobno sesekljana
- 3 stroki česna, sesekljani
- 2 žlici rozin ali ribeza
- 2 do 3 čajne žličke karija
- 1 čajna žlička mletega ingverja
- 1/4 žličke mlete paprike ali po okusu
- 1 pločevinka (približno 14 1/2 oz.) na kocke narezanega paradižnika
- 6 piščančjih prsi brez kosti in kože
- 1/2 skodelice piščančje juhe
- 1 skodelica predelanega dolgozrnatega belega riža
- 1 funt srednje velike do velike kozice, lupina in devein, nekuhane, po želji
- 1/3 skodelice naribanih mandljev
- košer sol
- Sesekljan peteršilj

PRIPRAVA
1. V 4- do 6-litrskem počasnem kuhalniku zmešajte sesekljano jabolko, čebulo, poper, česen, zlate rozine ali ribez, curry v prahu, ingver in mleto papriko; zmešajte paradižnik.
2. Piščanca položite na paradižnikovo mešanico, rahlo prekrivajte. Polovice piščančjih prsi prelijemo s piščančjo osnovo. Pokrijte in kuhajte pri nizki temperaturi, dokler se piščanec ne zmehča, ko ga prebodete z vilicami, približno 4 do 6 ur.
3. Piščanca prenesite na topel krožnik, ga ohlapno pokrijte in hranite na toplem v pečici ali grelnem predalu pri 200 °F.
4. V tekočino za kuhanje vmešamo riž. Povečajte toploto na visoko; Pokrijte in kuhajte, enkrat ali dvakrat premešajte, dokler se riž skoraj ne zmehča, približno 35 minut. Vmešajte kozice, če jih uporabljate; pokrijte in kuhajte še približno 15 minut, dokler sredica kozice ni prozorna; Izrežite za preizkus.
5. Medtem v majhni ponvi proti prijemanju na zmernem ognju med občasnim mešanjem prepražimo mandlje do zlato rjave barve. Pustite na stran.
6. Pred serviranjem riževo mešanico solimo. Nalijemo na vroč servirni krožnik; Po vrhu

razporedite piščanca. Potresemo s peteršiljem in mandlji.

Piščanec in gobe na dvorišču

VSEBINA

-
1 kozarec podeželske omake

-
4 do 6 piščančjih prsi

-
8 unč narezanih gob

-
poper in sol po okusu

PRIPRAVA

1. Zmešajte vse sestavine; Pokrito kuhamo na majhnem ognju 6 do 7 ur. Postrezite z rižem ali rezanci.
2. Namenjena je 4 do 6 osebam.

piščanec z brusnicami

VSEBINA

- 2 kg piščančjih prsi brez kosti in kože
- 1/2 skodelice sesekljane čebule
- 2 žlički rastlinskega olja
- 2 žlički soli
- 1/2 čajne žličke mletega cimeta
- 1/4 čajne žličke mletega ingverja
- 1/8 žličke mletega kokosa
- naribamo mleti piment
- 1 kozarec pomarančnega soka
- 2 žlički drobno naribane pomarančne lupinice
- 2 skodelici svežih ali zamrznjenih brusnic
- 1/4 skodelice rjavega sladkorja

PRIPRAVA
1. Na olju prepražimo kose piščanca in čebulo; potresemo s soljo.
2. V lonec dodamo popraženega piščanca, čebulo in ostale sestavine.
3. Pokrijte in kuhajte pri nizki temperaturi 5 1/2 do 7 ur.

4. Po želji proti koncu kuhanja sok zgostimo z mešanico približno 2 žlic koruznega škroba, pomešanega z 2 žlicama hladne vode.

5.

www.ingramcontent.com/pod-product-compliance
Lightning Source LLC
Chambersburg PA
CBHW070421120526
44590CB00014B/1481